12333劳动保障咨询热线

北京市医疗保险政策导读

北京12333劳动保障电话咨询中心组织编写

喻乃忠　康士勇　主编

中国劳动社会保障出版社

图书在版编目(CIP)数据

北京市医疗保险政策导读/喻乃忠,康士勇主编.—北京:中国劳动社会保障出版社,2007

12333 劳动保障咨询热线

ISBN 978-7-5045-6335-4

Ⅰ.北… Ⅱ.①喻… ②康… Ⅲ.医疗保险-财政政策-北京市 Ⅳ.F842.684

中国版本图书馆 CIP 数据核字(2007)第 098042 号

中国劳动社会保障出版社出版发行
(北京市惠新东街1号　邮政编码:100029)
出 版 人:张梦欣
*
北京宏伟双华印刷有限公司印刷装订　新华书店经销
850 毫米×1168 毫米　32 开本　5.5 印张　125 千字
2007 年 8 月第 1 版　2007 年 8 月第 1 次印刷
定价:10.00 元
读者服务部电话:010-64929211
发行部电话:010-64927085
出版社网址:http://www.class.com.cn
版权专有　　侵权必究
举报电话:010-64954652

编者的话

"12333"是由国家劳动和社会保障部、信息产业部确定的全国统一的劳动保障公益服务专用电话号码,主要为社会公众提供劳动保障政策咨询和办事程序的查询服务。截至 2006 年末,全国已有 154 个地级以上城市开通了"12333"劳动保障电话服务。

"12333 劳动保障咨询热线"以维护劳动者合法权益、宣传普及劳动保障法规政策、提高人们的法律意识和自我保护意识为宗旨,面向用人单位和广大职工提供劳动就业、社会保障、劳动关系、劳动工资等政策法规咨询和办事指南服务。劳动和社会保障政策与每一名劳动者的利益都息息相关,但劳动和社会保障政策浩繁,内容分散,区域差异性也较大,非专业人员很难把握。为此,我们策划了这套以"12333 劳动保障咨询热线"命名的系列丛书,将不定期地把各地"12333"咨询电话中人们最为关心的问题进行整理编辑出版,供广大职工参考。本丛书以省级政策法规为立足点,按省分册,选取部分有代表性的省市,对其劳动保障政策进行梳理,以职工从就业到退休一生的职业生涯过程中所涉及和关注的劳动和社会保障问题为线索,精心编排设计,最大限度地满足企事业单位和广大群众对劳动保障政策法规知识的需求。

《北京市医疗保险政策导读》一书由北京市劳动保障电话咨询中心喻乃忠主任和北京市劳动保障职业学院康士勇教授主编,

郭鹏、夏玉荣、周秋莲具体负责资料的收集、整理和书稿的撰写工作，北京市宣武区医疗保险事务管理中心为本书提供了技术支持，以表格的形式将北京市现行基本医疗保险政策进行了汇总整理，方便了读者的使用。

劳动和社会保障政策变化快，时效性强，有些政策可能只针对特定群体，请读者在引用时加以注意，并以最新政策为准。

本书在编辑过程中难免有所疏漏，欢迎广大读者批评指正。对在编写过程中给予我们支持的单位和个人表示感谢。

"12333 劳动保障咨询热线"编辑部

2007 年 5 月

目 录

一、医疗保险概述 ……………………………………（1）

  1. 什么是医疗保险 …………………………………（1）

  2. 什么是公费医疗制度 ……………………………（1）

  3. 什么是劳保医疗制度 ……………………………（1）

  4. 为什么要改革公费和劳保医疗制度 ……………（2）

  5. 什么是基本医疗保险制度 ………………………（2）

  6. 基本医疗保险制度与公费、劳保医疗制度有什么
不同 ………………………………………………（2）

  7. 建立基本医疗保险制度应遵循哪些基本原则 …（3）

  8. 城镇职工基本医疗保险制度包括哪些内容 ……（3）

二、基本医疗保险参保与缴费 ………………………（5）

  1. 哪些单位和个人可以参加基本医疗保险 ………（5）

  2. 哪些人暂不参加基本医疗保险 …………………（8）

  3. 如何办理参保手续 ………………………………（9）

  4. 个人委托存档人员如何办理参保手续 …………（9）

· I ·

5. 破产企业职工如何办理参保手续 …………………（ 9 ）
6. 农转居人员如何办理参保手续 ……………………（ 10 ）
7. 外地农民工如何办理参保手续 ……………………（ 10 ）
8. 外地农民工办理参保手续的程序是怎样的 ………（ 11 ）
9. 建设征地转非劳动力如何办理参保手续 …………（ 11 ）
10. 基本医疗保险缴费标准是多少 ……………………（ 12 ）
11. 基本医疗保险费如何缴纳 …………………………（ 15 ）

三、基本医疗保险个人账户 …………………………（ 16 ）

1. 什么是基本医疗保险个人账户 ……………………（ 16 ）
2. 个人账户由哪些项目构成 …………………………（ 16 ）
3. 职工基本医疗保险个人账户如何记账 ……………（ 16 ）
4. 退休人员个人账户如何记账 ………………………（ 17 ）
5. 个人账户存储额如何计息 …………………………（ 17 ）
6. 参保人死亡后，个人账户剩余资金如何处理 ……（ 17 ）
7. 个人委托存档人员是否建立个人账户 ……………（ 18 ）
8. 原参加医疗保险的失业人员个人账户如何处理 …（ 18 ）
9. 参保人员调转流动的个人账户如何处理 …………（ 18 ）
10. 其他人员个人账户的处理 …………………………（ 19 ）

四、基本医疗保险待遇 ………………………………（ 21 ）

1. 参保人享受的基本医疗保险待遇是什么 …………（ 21 ）
2. 哪些医疗费用由医疗保险基金支付 ………………（ 21 ）

目 录

3. 哪些医疗费用医疗保险基金不予支付 ……… （22）
4. 基本医疗保险统筹基金的起付标准是多少 ……… （22）
5. 基本医疗保险统筹基金的最高支付限额是多少 …… （23）
6. 基本医疗保险统筹基金的给付比例 ……………… （23）
7. 基本医疗保险基金对参保人员连续住院并转院治疗，医疗费用如何支付 ………………………………… （24）
8. 基本医疗保险统筹基金对《药品目录》中的药品的支付原则是什么 ……………………………………… （24）
9. 医疗保险统筹基金对甲、乙类诊疗目录项目的支付原则是什么 …………………………………………… （25）
10. 医疗保险统筹基金支付的医疗服务设施范围有哪些，支付标准是什么 ………………………………… （25）
11. 医疗保险统筹基金不予支付的生活服务项目和服务设施范围有哪些 …………………………………… （26）
12. 参保人员退休时享受基本医疗保险待遇应具备什么条件 …………………………………………………… （26）
13. 缴费年限如何计算 ……………………………………… （27）
14. 2005年4月1日前参保单位职工缴费年限如何认定 ………………………………………………………… （28）
15. 缴费不足者如何享受医疗保险待遇 ……………… （28）
16. 破产企业退休人员缴费不足年限者能否享受医疗保险待遇 ………………………………………………… （29）
17. 基本医疗保险关系转移人员如何享受医疗保险待遇

· Ⅲ ·

....（29）

18. 个人委托存档人员如何享受医疗保险待遇…………（29）
19. 个人委托存档人员缴费出现间断的如何享受医疗
    保险待遇……………………………………………（30）
20. 个人委托存档人员参加医保后的待遇标准是怎样的
    ……………………………………………………（31）
21. 建设征地农转工自谋职业人员如何享受医疗保险
    待遇…………………………………………………（31）
22. 农转居人员如何享受基本医疗保险待遇……………（33）
23. 对患特殊疾病的参保人员在减轻医疗费用负担上
    有哪些照顾政策……………………………………（34）

五、参保人员就医 ………………………………（35）

1. 参保人员如何就医 …………………………………（35）
2. 参保人员如何选择定点医疗机构 …………………（35）
3. 参保人员可否选择定点中医及定点专科医疗机构
   ………………………………………………………（35）
4. 对内服务的定点医疗机构如何选择 ………………（36）
5. 异地安置或长驻外地参保人员如何选择定点医疗
   机构…………………………………………………（36）
6. 参保人员选定的定点医疗机构可否变更 …………（36）
7. 参保人员能否到非本人选定的定点医疗机构就医
   ………………………………………………………（37）

8. 参保人员需要转诊转院的怎么办 …………………（37）
9. 参保人员患恶性肿瘤、放化疗、肾透析、肾移植后服抗排异药如何就医 ……………………（37）
10. 参保人员在本市外突发疾病时如何就医 ………（38）
11. 存档人员可否到外地就医 …………………………（38）
12. 农民工如何就医 ……………………………………（38）
13. 农民工已领取《北京市医疗保险手册》的如何就医 …………………………………………………（39）
14. 参保人员就医后如何购药 ………………………（40）
15. 什么是处方外配 …………………………………（40）
16. 参保人员就医开药量有何规定 …………………（40）

六、医疗费用结算 ………………………………（41）

1. 医疗费用如何结算 ………………………………（41）
2. 基本医疗保险费用结算包括哪些 ………………（41）
3. 基本医疗保险费用按什么方式结算 ……………（42）
4. 参保人员门、急诊医疗费用如何结算 …………（42）
5. 门诊特殊病就医及医疗费用如何结算 …………（42）
6. 住院医疗费用如何结算 …………………………（43）
7. 参保人员急诊抢救留观并收入住院的医疗费用如何报销 ……………………………………………（44）
8. 家庭病床医疗费用如何结算 ……………………（44）
9. 转诊转院医疗费用如何结算 ……………………（44）

10. 在定点零售药店购药费用如何结算 …………………（46）
11. 异地安置人员或职工因公外出、探亲在外地发生
    的医药费如何报销 …………………………………（46）
12. 跨年度连续住院的医疗费用如何结算 ……………（46）
13. 欠缴医疗保险费期间医疗费用如何结算 …………（47）
14. 实施计划生育手术发生的医疗费用如何结算 ……（47）
15. 参保人员住院时发生的自费医疗费用怎么办 ……（48）
16. 什么是结算期 ………………………………………（48）
17. 特殊疾病的结算期有什么规定 ……………………（48）
18. 跨年度住院医疗费用的计算办法 …………………（49）
19. 医疗保险费用申报结算的程序是怎样的 …………（49）

七、大额医疗费用互助 ……………………………（51）

1. 什么是大额医疗费用互助 …………………………（51）
2. 什么是大额医疗费用 ………………………………（51）
3. 什么人可以参加大额医疗费用互助 ………………（51）
4. 大额医疗费用互助资金如何缴纳 …………………（52）
5. 大额医疗费用互助资金的用途是什么 ……………（53）
6. 大额医疗费用互助如何支付 ………………………（53）
7. 门诊、急诊大额医疗费用按什么程序支付 ………（54）
8. 住院大额医疗费用按什么程序支付 ………………（54）
9. 什么情况下大额医疗费用互助资金不予支付 ……（55）
10. 大额医疗费用互助资金如何管理 …………………（55）

目 录

八、补充医疗保险 …………………………………（56）

1. 什么是补充医疗保险 …………………………（56）
2. 哪些单位可以建立企业补充医疗保险 …………（56）
3. 企业补充医疗保险的资金如何列支 ……………（57）
4. 企业补充医疗保险资金如何使用 ………………（57）
5. 破产企业移交社会化管理的退休人员如何建立补充医疗保险 ………………………………………（58）
6. 外商投资企业的中方退休人员参加医疗保险后，是否可以享受补充医疗保险待遇 …………………（59）
7. 补充医疗保险如何管理 …………………………（59）
8. 对特殊疾病人员补充医疗保险的报销比例是多少 …………………………………………………（60）
9. 退休人员统一补充医疗保险是怎么回事 ………（60）
10. 哪些医疗费用由退休人员统一补充医疗保险支付 …………………………………………………（60）
11. 退休人员统一补充医疗保险如何管理 …………（61）
12. 退休人员是否享受原单位补充医疗保险 ………（61）

九、公务员医疗补助 ………………………………（62）

1. 什么是公务员医疗补助 …………………………（62）
2. 哪些人可以享受公务员医疗补助 ………………（62）
3. 哪些医疗费可以由国家公务员医疗补助经费报销

....（62）

  4. 国家公务员医疗补助的资金从什么渠道列支 ……（63）

  5. 国家公务员医疗补助的标准是多少 ……………（63）

十、基本医疗保险医疗救助 ……………………（64）

1. 医疗救助的对象有哪些 …………………………（64）
2. 医疗救助待遇有哪些 ……………………………（64）
3. 社会医疗救助的补助标准是多少 ………………（65）
4. 如何办理医疗救助申请 …………………………（66）
5. 向劳动保障部门申请医疗救助的程序是什么 …（66）
6. 向劳动保障部门申请医疗救助，个人应准备哪些材料 ……………………………………………（67）
7. 向劳动保障部门申请医疗救助，用人单位需提供哪些材料 ………………………………………（67）
8. 申请医疗救助的时间有多长 ……………………（68）
9. 哪些费用医疗救助资金可以支付 ………………（68）
10. 医疗救助资金如何筹集 …………………………（68）

十一、基本医疗保险医疗服务管理 ………………（70）

1. 什么是基本医疗保险定点医疗机构 ……………（70）
2. 确定定点医疗机构的原则是什么 ………………（70）
3. 什么样的医疗机构可以申请定点医疗机构 ……（70）
4. 与定点医疗机构签订的医疗服务协议包括哪些内容

目 录

....（71）
5. 定点医疗机构必须执行什么规定 ....（72）
6. 定点医疗机构医疗服务设施收费上有什么要求 ...（72）
7. 什么是基本医疗保险定点零售药店 ....（72）
8. 确定定点零售药店的原则是什么 ....（73）
9. 申请定点零售药店应具备哪些条件 ....（73）
10. 与定点零售药店签订的协议包括哪些内容 ....（74）
11. 定点零售药店在参保人员处方外配中应遵循哪些
    规定 ....（74）
12. 基本医疗保险用药如何管理 ....（75）
13. 具备什么条件的药品方可列入《药品目录》......（75）
14. 什么样的药品不能列入《药品目录》..........（76）
15. 《药品目录》中"甲类目录"和"乙类目录"是
    如何划分的 ....（76）
16. 《药品目录》中的药品是否定期进行调整 ....（77）
17. 什么是基本医疗保险诊疗项目 ....（77）
18. 如何对基本医疗保险诊疗项目进行管理 ....（77）
19. 《诊疗项目目录》中甲乙类目录是如何划分的 ...（78）
20. 《诊疗项目目录》中的诊疗项目是否定期调整 ...（78）
21. 什么是基本医疗保险医疗服务设施 ....（78）
22. 基本医疗保险服务设施范围如何管理 ....（79）

十二、基本医疗保险的法律责任 ……………………（80）

1. 用人单位不按时足额缴纳医疗保险费应承担什么法律责任 ……………………………………………（80）
2. 定点医疗机构违反医疗保险规定应承担什么法律责任 ……………………………………………………（81）
3. 定点零售药店违反医疗保险规定应承担什么法律责任 ……………………………………………………（82）
4. 参保人员违反医疗保险规定应承担什么法律责任 ……………………………………………………………（82）

附录1 北京市现行基本医疗保险政策法规选编 …………（83）

北京市基本医疗保险规定……………………………（83）
北京市大额医疗费用互助暂行办法…………………（99）
北京市个人委托存档人员参加基本医疗保险暂行办法
……………………………………………………（103）
北京市外地农民工参加基本医疗保险暂行办法……（107）
北京市劳动和社会保障局 关于加强北京市基本医疗保险门（急）诊医疗费用管理工作的通知…………（112）
北京市劳动和社会保障局 北京市卫生局关于进一步促进社区卫生服务发展引导职工和退休人员到社区就医有关问题的通知……………………………（114）
关于建立北京市城镇无医疗保障老年人和学生儿童大

目 录

　　病医疗保险制度的实施意见……………………(117)
　北京市劳动和社会保障局关于下发《关于实施本市城
　　镇无医疗保障老年人大病医疗保险制度的具体办法》
　　和《关于实施本市学生儿童大病医疗保险制度的具
　　体办法》的通知……………………………………(122)

附录2　北京市现行基本医疗保险政策一览表…………(135)
　表1　北京市2007年度基本医疗保险政策　………(135)
　表2　基本医疗保险参保业务须知………………(138)
　表3　基本医疗保险业务经办须知………………(140)
　表4　北京市2007年度基本医疗保险政策　………(142)
　表5　北京市2007年度基本医疗保险政策　………(144)
　表6　北京市2007年度基本医疗保险政策　………(145)
　表7　北京市2007年度基本医疗保险政策　………(146)
　表8　工伤职工医疗费报销有关规定………………(148)
　表9　北京市宣武区市属、区属单位离休干部医疗统
　　　　筹有关规定……………………………………(148)
　表10　失业人员就医及医药费审核有关规定………(150)
　表11　北京市2006年度企业职工生育保险政策……(151)
　表12　北京市退休人员基本医疗大额互助和统一补充
　　　　医疗保险政策……………………………………(153)

附录3　北京市现行基本医疗保险政策法规文件索引……(155)

·XI·

一、医疗保险概述

1. 什么是医疗保险

医疗保险是为补偿劳动者因疾病风险造成的经济损失而建立的一项保险制度。它通过预先向参保人群收取保险费来建立医疗保险基金,被保险人患病时由保险人也就是医疗保险机构,提供一定的经济补偿,以避免或减轻劳动者因患病、治疗等所带来的经济风险和经济损失。

2. 什么是公费医疗制度

我国的医疗保险制度是20世纪50年代建立的公费医疗制度和劳保医疗制度。公费医疗制度是指国家为保障国家工作人员而实行的、通过医疗卫生部门向享受人员提供制度规定范围内免费医疗预防服务的一项社会保障制度,覆盖面仅限于各级政府机关和事业单位、其他党派、人民团体的工作人员和退休人员,还包括高等学校的大学生和退伍在乡的二等乙级以上残废军人。

3. 什么是劳保医疗制度

劳保医疗制度是指为保护企业职工的健康,对因病或非因工负伤职工,按规定给予医药费用补助的一项社会保障制度,覆盖范围仅限于国营企业(国有企业)和县以上的大集体企业。

4. 为什么要改革公费和劳保医疗制度

我国的公费、劳保医疗制度是适应建国以后实行的计划经济体制需要建立的城镇职工医疗保障制度。这种制度在计划经济体制下对保障职工身体健康、促进经济发展、维护社会稳定,发挥了重要的作用。随着我国社会市场经济体制建立,由于该制度弊端较多,使之既不适应市场经济体制的需要,也不适应我国社会主义初级阶段的基本国情。所以需要建立一个适合我国国情的现代医疗保险制度。

5. 什么是基本医疗保险制度

基本医疗保险是社会保障体系中的重要组成部分,是政府举办,用人单位和职工共同参加,按照财政、用人单位和职工个人的承受能力来确定参保人员医疗待遇水平。基本医疗保险实行个人账户与统筹基金相结合,保障广大参保人的基本医疗需求。具有强制性、保障性、共济性和广泛性的特点。

6. 基本医疗保险制度与公费、劳保医疗制度有什么不同

新建立的基本医疗保险制度主要是对公费、劳保医疗制度的制度变革和机制转换,其不同之处主要体现在以下几个方面:

(1) 改变过去国家承担无限责任为保障职工基本医疗,实现

福利保障到社会保障的转变;

(2) 改变过去国家和企业包揽职工医疗费为单位和个人共同缴费,增加了个人自我保障责任,实现权利与义务的统一;

(3) 改变了过去由于各个单位经济效益不同而产生的职工医疗保险待遇的差别,实现了确保职工基本医疗保障的目的;

(4) 改变过去各个单位分散管理为社会化管理,实现医疗保险基金的统筹共济;

(5) 实行社会统筹和个人账户相结合,建立医疗单位、职工、保险机构三方制约机制。

7. 建立基本医疗保险制度应遵循哪些基本原则

城镇职工基本医疗保险制度遵循以下四条原则:

(1) 基本医疗保险的水平要与社会主义初级阶段生产力发展水平相适应;

(2) 城镇所有用人单位及其职工都要参加基本医疗保险,实行属地管理;

(3) 基本医疗保险费由用人单位和职工双方共同负担;

(4) 基本医疗保险基金实行社会统筹和个人账户相结合。

8. 城镇职工基本医疗保险制度包括哪些内容

城镇职工基本医疗保险制度框架包括六个部分:

(1) 建立合理负担的共同缴费机制。基本医疗保险费由用人单位和个人共同缴纳,体现国家社会保险的强制特征和权利与义务的统一。医疗保险费由单位和个人共同缴纳,不仅可以扩大医疗保险资金的来源,更重要的是明确了单位和职工的责任,增强个人自我保障意识。

(2) 建立统筹基金和个人账户制度。基本医疗保险基金由社会统筹使用的统筹基金和个人专项使用的个人账户基金组成。个人缴费全部划入个人账户，单位缴费按30%左右划入个人账户，其余部分建立统筹基金。个人账户专项用于本人医疗费用支出，可以结转使用和继承，本金和利息归个人所有。

(3) 建立统账分开、范围明确的支付机制。统筹基金和个人账户确定各自的支付范围，统筹基金主要支付住院（大额）医疗费用，个人账户主要支付门诊（小额）医疗费用。统筹基金要有严格的起付标准和最高支付限额。

(4) 建立有效制约的医疗服务管理机制。基本医疗保险支付范围仅限于规定的基本医疗保险药品目录、诊疗项目和医疗服务设施标准内的医疗费用；对提供基本医疗保险服务的医疗机构和药店实行定点管理；社会保险经办机构与基本医疗保险服务机构（定点医疗机构和定点药店）要按协议规定的结算办法进行费用结算。

(5) 建立统一的社会化管理服务体制。基本医疗保险实行一定统筹层次的社会经办，原则上以地级市为统筹层次，由统筹地区的社会保险经办机构负责基金的统一征缴、使用和管理，保证基金的足额征缴、合理使用和及时支付。

(6) 建立完善有效的监管机制。基本医疗保险基金实行财政专户管理；社会保险经办机构要建立健全规章制度；统筹地区要设立基本医疗保险社会监督组织，加强社会监督。

二、基本医疗保险参保与缴费

1. 哪些单位和个人可以参加基本医疗保险

本市行政区域内的城镇所有用人单位及其职工和退休人员都应当参加基本医疗保险。不论是国家机关、企事业单位的人员，还是个人委托存档人员（包括个体劳动者、自由职业人员）都在基本医疗保险范围之内。

参见：2005年北京市人民政府令第158号

除享受公费医疗单位及经批准可暂缓参加基本医疗保险的单位外，本市行政区域内未参加医疗保险的企业、事业单位及其职工和退休人员、享受公费医疗单位中不享受公费医疗待遇且未参加基本医疗保险的职工和退休人员，应当在2005年4月1日前参加基本医疗保险。

参见：京劳社医发［2004］185号

（1）职工和退休人员

职工包括本市及外埠城镇劳动者、农民合同制工人；退休人员包括按国发［1978］104号文件办理退职并按月领取退职生活费的退职人员；外商投资企业职工是指中方职工；港、澳、台商投资企业职工是指内地职工。

参见：京劳社医发［2001］19号

（2）个人委托存档人员

个人委托存档人员是指具有本市城镇户口、符合法定就业年龄、从事个体劳动或者自由职业的，在市、区（县）劳动保障部门开办的职业介绍中心、人事部门开办的人才交流服务中心以个人名义委托存档的人员。但不包括与用人单位建立了劳动关系的存档人员。

参见：京劳社医发［2001］186号

（3）外地农民工

外地农民工，是指在国家规定的劳动年龄内，具有外省市农业户口，有劳动能力并与本市城镇用人单位形成劳动关系的人员。

参见：京劳社办发［2004］101号

（4）建设征地农转工自谋职业人员

建设征地农转工自谋职业人员应当按照《北京市基本医疗保险规定》（市政府令第158号）参加基本医疗保险，缴纳基本医疗保险费。

参见：京劳社养发［2004］78号

（5）整建制农转居人员

整建制农转居人员指由本市农业户口整建制转为非农业户口，并在农村集体经济组织中从业且在办理参加社会保险手续时符合国家规定的劳动年龄有劳动能力的人员（简称农转居人员）。

参见：京劳社养发［2004］122号

（6）中央在京企业职工和退休人员

中央直属企事业单位及其职工都要按照属地管理原则统一参加并执行统筹地区的基本医疗保险政策。电力、远洋运输等跨地区、生产流动性较大的企业及其职工，可以相对集中的方式异地参加统筹地区的基本医疗保险。

参见：劳社部函［2001］163号

中央在京企业应当参加北京市基本医疗保险，到企业所在区（县）劳动保障部门的医疗保险经办机构办理参加基本医疗保险的有关手续。各企业参加北京市基本医疗保险的具体时间，由企业所在区县劳动保障部门负责通知。

参见：京劳社医发［2002］7号

（7）获准出境定居的归侨侨眷职工

• 各地在进行医疗保险制度改革时，要将获准出境定居的归侨侨眷职工及退休人员纳入基本医疗保险范围，为他们办理相关手续。

• 已参加了当地基本医疗保险、获准出境定居的归侨侨眷退休人员入境就医，按当地有关医疗保险规定，享受基本医疗保险待遇。

• 已参加了基本医疗保险但尚未达到退休年龄的归侨侨眷职工，在获准出境定居后，其个人账户可一次结清，退还本人，今后不再享受基本医疗保险待遇。

• 获准出境定居的归侨侨眷离休人员，回国内就医，按规定享受医疗保险待遇。

参见：京劳社医发［2002］52号、劳社部函［2001］165号

（8）其他人员

凡2002年5月1日前已实行社会化管理，并按《关于已实行退休管理社会化的外商投资企业中方退休人员医疗费报销有关问题的通知》（京劳社险发［1997］312号）文件规定，由养老保险基金列支医疗费的下列人员，在规定时间内到街道（镇）社会保障所办理参加基本医疗保险手续，从2003年5月1日起纳入基本医疗保险实施范围，享受基本医疗保险、大额医疗互助和补充医疗保险待遇：三资企业退休人员；破产企业退休人员；已退休的支援乡镇企业的科技人员与技术工人。

参见：京社保发［2003］19号

2. 哪些人暂不参加基本医疗保险

（1）城镇老临时工

按照《北京市城镇临时工养老保险暂行办法》（京劳险发字[1998] 550号）享受养老保险待遇的城镇临时工，其医疗保险待遇仍按京劳险发字[1998] 550号文件规定执行。

参见：京劳社医发[2001] 19号

（2）退养人员

参见：京社保发[2002] 10号

（3）退休时累计缴费年限男不足25年、女不足20年者

2001年3月31日以后参加工作的职工，退休时累计缴纳基本医疗保险费不足规定年限的，其个人账户余额退还本人，不再享受基本医疗保险待遇。

参见：京劳社医发[2001] 19号

（4）离休人员、老红军、二等乙级以上革命伤残军人

离休人员、老红军、二等乙级以上革命伤残军人医疗待遇不变，医疗费用按原资金渠道解决。

参见：2005年北京市人民政府令第158号

（5）乡镇企业职工

（6）不具有劳动能力的外地来京人员

患有恶性肿瘤进行放射治疗和化学治疗以及进行肾透析、肾移植后服抗排异药门诊治疗等不具有劳动能力的外地来京人员，不属于本市基本医疗保险参保范围，其发生的医疗费用统筹基金和大额互助资金不予支付。

参见：京劳社医发[2004] 185号

（7）职工供养直系亲属

按照《中华人民共和国劳动保险条例》的规定，职工供养的

直系亲属（子女在中学学习期间）在企业的职工医院、诊疗所和企业指定的医院就医，手术费、普通药费由单位报销50%。

3. 如何办理参保手续

参加基本医疗保险的手续由用人单位统一办理。用人单位应按照国家和本市有关社会保险登记的规定，到企业营业执照注册地或单位住所所在地的区、县社保基金管理机构办理基本医疗保险登记手续。区、县社保基金管理机构根据用人单位及其职工和退休人员（以下简称参保人员）填报的《社会保险登记表》《社会保险补充登记表》和《参加社会保险人员情况登记表》建立用人单位和参保人员的基本信息库。

参见：京劳社保发〔2001〕27号

4. 个人委托存档人员如何办理参保手续

经北京市社会保险经办机构委托的职介中心、人才中心可以为存档人员办理参加基本医疗保险有关手续。包括基本医疗保险信息采集，费用收缴，基本医疗保险手册发放及社会保险经办机构委托的其他事项。享受社会保险补助的社区弹性就业人员，在户口所在街道（镇）劳动保障部门或者社会保障事务所办理参加基本医疗保险手续。

参见：京劳社医发〔2001〕186号

5. 破产企业职工如何办理参保手续

破产企业退休人员，在移交社会化管理前由单位办理参加基本医疗保险手续，移交后由户口所在街道社会保障事务所负责日常管理工作。

已经实行社会化管理的退休人员，应按市里的统一部署，在规定时间内到街道社会保障事务所办理参加基本医疗保险的有关手续，并从次月开始享受基本医疗保险、大额医疗互助和补充医疗保险的相关待遇。

参见：京劳社医发〔2002〕46号

6. 农转居人员如何办理参保手续

农转居人员参加社会保险，由农转居人员所在的集体经济组织到区（县）社会保险经办机构为其统一办理参保手续。

参见：京劳社养发〔2004〕122号

7. 外地农民工如何办理参保手续

用人单位招用外地农民工，应当到所在区、县的社会保险经办机构为其办理参加基本医疗保险手续。

参见：京劳社办发〔2004〕101号

凡雇佣外地农民工的本市城镇个体工商户应以单位形式参保。

参见：京社保发〔2004〕32号

建筑企业下属项目工程经理部受企业法人委托后可作为农民工办理参加工伤保险和基本医疗保险的参保单位。项目工程经理部办理参加基本医疗保险手续，由单位所在区县社会保险经办机构办理，并同时递交《企业法人授权书》和用于缴费的银行账号。

参见：京劳社办发〔2005〕136号

外地注册的用人单位在办理参加本市基本医疗保险手续时，应提供工商营业执照的复印件。

参见：京社保发〔2004〕32号

8. 外地农民工办理参保手续的程序是怎样的

外地农民工参加基本医疗保险手续，与其他参保人员的参保手续相同，参保单位通过《北京市基本医疗保险企业信息管理子系统》对外地农民工参加基本医疗保险的个人基本信息进行采集，经本人确认后，将《参加社会保险人员情况登记表》和电子信息报所在区县社保中心。

参见：京社保发〔2004〕32号

（1）由用人单位负责填参加基本医疗保险人员花名册。参加基本医疗保险农民工个人的姓名、性别、公民身份号码、缴费人员类别的信息，由用人单位负责核实，并填入《北京市农民工参加基本医疗保险人员花名册》。

（2）用人单位应当向社保经办机构递交人员花名册和信息采集表。用人单位为农民工办理参加基本医疗保险手续时，应当向区县社会保险经办机构递交《北京市农民工参加基本医疗保险人员花名册》和《北京市农民工参加基本医疗保险单位信息采集表》。

9. 建设征地转非劳动力如何办理参保手续

农村集体经济组织或者村民委员会应当在转非劳动力办理转为非农业户口手续后30日内，到所在区、县社会保险经办机构为其办理参加社会保险手续，补缴社会保险费。

参见：2004年北京市人民政府令第148号

对符合基本医疗保险补缴条件的转非劳动力，由农村集体经济组织或者村民委员会填写《农转工自谋职业人员与转非劳动力补缴医疗保险费情况表》和《农转工自谋职业人员与转非劳动力补缴医疗保险费情况汇总表》，与有关证明材料一并报区县社保经办机构。区县社会保险经办机构对《农转工自谋职业人员与转非劳动力补缴医疗保险费情况表》中的相关数据进行验审，对符合规定要求的，区县社会保险经办机构盖章予以认可。《农转工自谋职业人员与转非劳动力补缴医疗保险费情况表》中的"补缴养老保险年限"由区县社会保险经办机构在养老保险补缴资金到位后盖章确认。

参见：京劳社保发〔2004〕96号

10. 基本医疗保险缴费标准是多少

基本医疗保险费用由用人单位和职工个人共同缴纳。

（1）用人单位分别按全部职工缴费工资基数之和的9%按月缴纳基本医疗保险费。用人单位应当按时向社会保险经办机构如实申报职工上一年月平均工资，社会保险经办机构按照规定核定基本医疗保险缴费工资基数。

（2）职工按本人上一年月平均工资的2%缴纳基本医疗保险费。职工本人上一年月平均工资低于上一年本市职工月平均工资60%的，以上一年本市职工月平均工资的60%为缴费工资基数，缴纳基本医疗保险费。职工本人上一年月平均工资高于上一年本市职工月平均工资300%以上的部分，不作为缴费工资基数，不缴纳基本医疗保险费。无法确定职工本人上一年月平均工资的，以上一年本市职工月平均工资为缴费工资基数，缴纳基本医疗保险费。

(3) 退休人员不缴纳基本医疗保险费。

参见：2005 年北京市人民政府令第 158 号

(4) 个人委托存档人员按上一年本市职工月平均工资的 7% 缴纳基本医疗保险费。可以选择按月、按季、按半年或按年缴纳基本医疗保险费。

经劳动保障行政部门认定为大龄下岗职工的存档人员，在 2004 年年底前以上一年本市职工月平均工资的 70% 为缴费基数缴纳基本医疗保险费。

存档人员中，经劳动保障行政部门批准享受社会保险补助的社区弹性就业人员，以上一年本市职工月平均工资的 70% 为基数缴纳基本医疗保险费。

参见：京劳社医发 [2001] 186 号

(5) 农转居人员的社会保险费由个人和集体经济组织按下列规定按月共同缴纳：基本医疗保险费和大额医疗互助资金由农转居人员个人以上一年本人月平均工资为缴费基数，按照 2% 比例缴纳基本医疗保险费，按每月 3 元缴纳大额医疗互助资金；集体经济组织按全部农转居人员月缴费工资基数之和的 9% 缴纳基本医疗保险费，按 1% 缴纳大额医疗互助资金。

农转居人员本人上一年月平均工资低于上一年本市职工月平均工资 60% 的，以上一年本市职工月平均工资的 60% 为基数，缴纳基本医疗保险费、大额医疗互助资金。农转居人员本人上一年月平均工资高于上一年本市职工月平均工资 300% 以上的部分，不作为缴纳基本医疗保险费、大额医疗互助资金的基数。

农转居人员无法确定本人上一年月平均工资的，以上一年本市职工月平均工资为基数缴纳基本养老保险费、基本医疗保险费、大额医疗互助资金和失业保险费、工伤保险费。

参见：京劳社养发 [2004] 122 号

(6) 外地农民工参加北京市基本医疗保险，由用人单位缴纳基本医疗保险费，外地农民工个人不缴费。用人单位以上一年本市职工月平均工资60%为基数，按2%的比例按月缴纳基本医疗保险费，其中1.8%划入基本医疗保险统筹基金，0.2%划入大额医疗互助资金。按本办法缴费，外地农民工不建个人账户，不计缴费年限，缴费当期享受相关待遇。

参见：京劳社办发〔2004〕101号

(7) 其他特殊人员

• 复员、转业退伍军人及初次就业和失业后再就业的人员，在缴纳基本医疗保险费时，以本人工作第一个月的工资作为当年缴费工资基数。从第二年起，以本人上一年实发工资的月平均工资作为缴费工资基数。

• 在医疗期内的病休人员，其病休期间领取的病假工资或疾病救济费（在不足整年度时与病休前的当年工资合并计算）作为第二年的缴费工资基数。

• 被派到国外或者香港、澳门特别行政区及台湾地区（不含临时派出）工作的人员，按派出前上一年本人月平均工资作为缴费工资基数。次年缴费工资基数按上一年本单位职工平均工资增长率进行调整。

• 企业外派、外借及劳务输出到其他单位工作的人员和下岗人员，以在原企业领取的本人上一年月平均工资作为缴费工资基数。这些人员在非本企业取得的劳务收入可与本企业发放的工资合并计算，作为第二年的缴费工资基数。用人单位使用非本单位的人员时，应按月为其提供缴纳基本医疗保险费中企业缴纳部分的资金，并在签订劳务协议时予以明确。职工个人应将劳务收入所得向本企业备案。职工以非本企业取得的收入缴纳基本医疗保险费时，须包含企业缴费部分，由本人向本企业缴费，企业向社会保险基金管理机构缴纳。

•国有企业下岗职工的基本医疗保险费,包括单位缴费和个人缴费及由用人单位缴纳的大额医疗费用互助资金,由再就业服务中心以上一年全市职工月平均工资的60%为基数缴纳。

参见:京劳社医发[2001]19号

11. 基本医疗保险费如何缴纳

用人单位应当按时向社会保险经办机构如实申报职工上一年月平均工资,社会保险经办机构按照规定核定基本医疗保险缴费工资基数。用人单位应缴纳的基本医疗保险费,由社会保险经办机构委托用人单位的开户银行以"委托银行收款(无付款期)"的结算方式按月扣缴。职工个人应缴纳的基本医疗保险费,由用人单位按月从本人工资中代扣代缴。

参见:2005年北京市人民政府令第158号

三、基本医疗保险个人账户

1. 什么是基本医疗保险个人账户

基本医疗保险个人账户是社会保险经办机构通过银行为参保人员设立的一个特殊账户,用于记录、储存个人缴纳的医疗保险费和单位缴费中划入的医疗保险费的使用情况。个人账户的资金属个人所有,只能用于支付医疗费用,并且个人不能向这个账户存钱。

2. 个人账户由哪些项目构成

个人账户由下列各项构成:(1)职工个人缴纳的基本医疗保险费;(2)按照规定划入个人账户的用人单位缴纳的基本医疗保险费;(3)个人账户存储额的利息;(4)依法纳入个人账户的其他资金。

参见:2005年北京市人民政府令158号

3. 职工基本医疗保险个人账户如何记账

职工个人缴纳的基本医疗保险费全部记入本人的个人账户;用人单位缴纳的基本医疗保险费的一部分按照下列标准划入个人

账户：

（1）不满 35 周岁的职工按本人月缴费工资基数的 0.8% 划入个人账户；

（2）35 周岁以上不满 45 周岁的职工按本人月缴费工资基数的 1% 划入个人账户；

（3）45 周岁以上的职工按本人月缴费工资基数的 2% 划入个人账户。

参见：2005 年北京市人民政府令 158 号

4. 退休人员个人账户如何记账

退休人员分为 70 岁以下和 70 岁以上两档，从 2006 年 4 月起参加基本医疗保险退休人员的个人账户改为按定额标准划入，即，70 岁以上退休人员个人账户按每人每月 110 元，70 岁以下退休人员个人账户按每人每月 100 元划入。

参见：京劳社医发 [2006] 9 号

5. 个人账户存储额如何计息

个人账户存储额按照每年参照银行同期居民活期存款利率计息，但不需缴利息税。

参见：2005 年北京市人民政府令 158 号

6. 参保人死亡后，个人账户剩余资金如何处理

个人账户的本金和利息为个人所有，只能用于基本医疗保险，但可以结转使用和继承。职工和退休人员死亡时，其个人账

户存储额划入其继承人的个人账户；继承人未参加基本医疗保险的，个人账户存储额可一次性支付给继承人；没有继承人的，个人账户存储额纳入基本医疗保险统筹基金。

参见：2005年北京市人民政府令158号

7. 个人委托存档人员是否建立个人账户

个人委托存档人员不建基本医疗保险个人账户，在原用人单位已经参加基本医疗保险并建立个人账户的，个人账户予以保留，结余的存储额可以继续使用。

个人委托存档人员按照国家规定办理了退休手续，按月领取基本养老金的，累计缴纳基本医疗保险费时间男满25年，女满20年的，按照规定每月缴纳3元大额医疗互助资金，享受用人单位退休人员相同的待遇，建立个人账户（即按照有工作单位退休人员的标准注入个人账户资金——编者注）。

参见：京劳社医发〔2001〕186号

8. 原参加医疗保险的失业人员个人账户如何处理

失业人员不缴纳基本医疗保险费，个人账户停止计入，余额可以继续使用。失业人员在领取失业保险金期间，按照失业保险规定享受医疗补助待遇。

参见：2005年北京市人民政府令158号

9. 参保人员调转流动的个人账户如何处理

参加基本医疗保险的人员在参保的区、县内流动时，只转移基本医疗保险关系，不转移个人账户存储额；跨区、县或者跨统筹地区流动时，转移基本医疗保险关系，同时转移个人账户存储额。

职工转往外埠的，由区、县社保基金管理机构开具《基本医疗保险个人账户转移单》，应转移的个人账户存储额通过银行转入接收地的基本医疗保险经办机构的账户。

参见：京劳社医发［2001］19号

10. 其他人员个人账户的处理

（1）职工被征义务兵、考入中等专业以上院校（与用人单位终止、解除劳动关系或工作关系）的，停止缴纳基本医疗保险费，不享受基本医疗保险待遇，个人账户存储额予以封存并继续计息，再就业时继续使用。退伍回京安置后，其个人账户启封；退伍异地安置的，区、县社保基金管理机构在收到接收地的基本医疗保险经办机构开具的书面证明后，按照规定办理基本医疗保险关系和个人账户转移手续。

（2）职工被招收为军官、文职干部和士官入伍的，基本医疗保险个人账户存储额按照《中国人民解放军军人退役医疗保险暂行办法》执行。

（3）参保人员被判刑、劳动教养期间停止缴纳基本医疗保险费，不享受基本医疗保险待遇，个人账户存储额予以封存并继续计息，刑满释放、解除劳教再就业或恢复退休待遇时，个人账户启封，存储额继续使用。

参见：京劳社医发［2001］19号

（4）职工在参保期间出国定居的，其个人账户予以封存，有存储额的继续计息。加入外国籍的，注销其个人账户。个人账户有存储额的，用人单位填写《基本医疗保险个人账户继承（清算）申请表》，经区、县社保基金管理机构核准后，将个人账户存储额拨付给用人单位，由用人单位支付给职工或职工亲属。

（5）参保人员在参保期间下落不明的，其个人账户予以封存，有存储额的继续计息。经人民法院宣告其死亡后，区、县社保基金管理机构注销参保人员的个人账户。参保人员个人账户有存储额的，由其继承人继承。

经人民法院撤销死亡宣告的参保人员，从继续领取工资或基本养老金、退休费之月起，重新建立个人账户，并按月划入。参保人员请求返还个人账户存储额的，按照国家有关法律法规规定办理。

（6）参加本市基本医疗保险的农民合同制工人失业或达到退休年龄时，其个人账户有存储额的，用人单位填写《基本医疗保险个人账户继承（清算）申请表》，经区、县社保基金管理机构核准后，将个人账户存储额拨付给用人单位，由用人单位支付给本人。

参见：京劳社医发〔2001〕26号

四、基本医疗保险待遇

1. 参保人享受的基本医疗保险待遇是什么

参保人员因病而发生的符合基本医疗保险基金支付范围的医疗费用，由基本医疗保险统筹基金和个人账户分别支付。

参见：2005年北京市人民政府令第158号

2. 哪些医疗费用由医疗保险基金支付

基本医疗保险基金支付职工和退休人员的医疗费用，应当符合北京市规定的基本医疗保险药品目录、诊疗项目目录以及服务设施范围和支付标准。

个人账户支付下列医疗费用：（1）门诊、急诊的医疗费用；（2）到定点零售药店购药的费用；（3）基本医疗保险统筹基金起付标准以下的医疗费用；（4）超过基本医疗保险统筹基金起付标准，按照比例应当由个人负担的医疗费用。个人账户不足支付部分由本人自付。

基本医疗保险统筹基金支付下列医疗费用：（1）住院治疗的医疗费用；（2）急诊抢救观并收入住院治疗的，其住院前留观7日内的医疗费用；（3）恶性肿瘤放射治疗和化学治疗、肾透析、肾移植后服抗排异药的门诊医疗费用。

参见：2005年北京市人民政府令第158号

参保人员在急诊抢救留观7日内死亡的，其符合基本医疗保险规定的医疗费纳入统筹基金支付范围，由基本医疗保险统筹基金按比例支付。

参见：京劳社医发［2004］185号

3. 哪些医疗费用医疗保险基金不予支付

基本医疗保险基金不予支付下列医疗费用：（1）在非本人定点医疗机构就诊的，但急诊除外；（2）在非定点零售药店购药的；（3）因交通事故、医疗事故或者其他责任事故造成伤害的；（4）因本人吸毒、打架斗殴或者因其他违法行为造成伤害的；（5）因自杀、自残、酗酒等原因进行治疗的；（6）在国外或者香港、澳门特别行政区以及台湾地区治疗的；（7）按照国家和本市规定应当由个人自付的；（8）企业职工因工负伤、患职业病的医疗费用；（9）女职工生育的医疗费用。

参见：2005年北京市人民政府令第158号

4. 基本医疗保险统筹基金的起付标准是多少

基本医疗保险统筹基金支付的起付标准按上一年本市职工平均工资的10%左右确定（目前北京市为1 300元）。个人在一个年度内第二次以及以后住院发生的医疗费用，基本医疗保险统筹基金支付的起付标准按上一年本市职工平均工资的5%左右确定（目前北京市为650元）。

参见：2005年北京市人民政府令第158号

5. 基本医疗保险统筹基金的最高支付限额是多少

基本医疗保险统筹基金在一个年度内支付职工和退休人员的医疗费用累计最高支付限额按上一年本市职工平均工资的 4 倍左右确定。

参见：2005 年北京市人民政府令第 158 号

基本医疗保险统筹基金在一个年度内支付职工和退休人员的医疗费用累计最高支付限额为 7 万元（2005 年 1 月 1 日起执行）。

参见：京劳社医发 [2004] 184 号

6. 基本医疗保险统筹基金的给付比例

在一个结算期内职工和退休人员发生的医疗费用，按医院等级和费用数额采取分段计算、累加支付的办法，由基本医疗保险统筹基金和个人按照以下比例分担：

(1) 在三级医院发生的医疗费用

1) 起付标准至 3 万元的部分，统筹基金支付 85%，职工支付 15%；

2) 超过 3 万元至 4 万元的部分，统筹基金支付 90%，职工支付 10%；

3) 超过 4 万元的部分，统筹基金支付 95%，职工支付 5%。

(2) 在二级医院发生的医疗费用

1) 起付标准至 3 万元的部分，统筹基金支付 87%，职工支付 13%；

2) 超过 3 万元至 4 万元的部分，统筹基金支付 92%，职工支付 8%；

3) 超过 4 万元的部分，统筹基金支付 97%，职工支付 3%。

(3) 在一级医院以及家庭病床发生的医疗费用

1) 起付标准至 3 万元的部分，统筹基金支付 90%，职工支付 10%；

2) 超过 3 万元至 4 万元的部分，统筹基金支付 95%，职工支付 5%；

3) 超过 4 万元的部分，统筹基金支付 97%，职工支付 3%。

(4) 退休人员个人支付比例为职工支付比例的 60%。

但基本医疗保险统筹基金按照比例支付的最高数额不得超过规定的最高支付限额。

参见：2005 年北京市人民政府令第 158 号

7. 基本医疗保险基金对参保人员连续住院并转院治疗，医疗费用如何支付

参保人员连续住院并转院治疗的，基本医疗保险统筹基金支付起付标准按一次计算，支付比例按医院级别分别计算。

参见：京劳社医发〔2001〕19 号

8. 基本医疗保险统筹基金对《药品目录》中的药品的支付原则是什么

本市基本医疗保险参保人员使用列入《药品目录》中的药品，所发生的费用按以下规定支付：(1) 使用"甲类目录"中的西药和中成药发生的费用，按基本医疗保险的规定支付；使用"乙类目录"中的西药和中成药所发生的费用，由参保人员按一定比例自付，其余部分按本市基本医疗保险的规定支付。(2) 使

用中药饮片发生的费用，除按规定基本医疗保险基金不予支付的药品外，其余部分按基本医疗保险的规定支付。(3) 使用医院制剂发生的费用，规定应由个人部分负担的，先由参保人员按规定个人自付；规定限量使用的药品，按规定的使用限量支付；其余部分按基本医疗保险的规定支付。

参见：京劳社医发 [2001] 13号

9. 医疗保险统筹基金对甲、乙类诊疗目录项目的支付原则是什么

本市参保人员使用《诊疗项目目录》中的诊疗项目发生的费用按以下规定支付：(1) 使用"甲类目录"的诊疗项目发生的费用按基本医疗保险的规定支付。(2) 使用"乙类目录"的诊疗项目发生的费用，先由参保人员自付一定比例，其余部分按基本医疗保险的规定支付。

参见：京劳社医发 [2001] 14号

10. 医疗保险统筹基金支付的医疗服务设施范围有哪些，支付标准是什么

基本医疗保险基金支付的医疗服务设施费用主要包括住院床位费及门诊、急诊留观床位费。本市参保人员住院床位费及门诊、急诊留观床位费按以下规定支付：(1) 住院床位费，按本市物价部门规定的普通住院床位费和等级加收标准支付。(2) 需隔离以及危重病人的住院床位费（含门诊、急诊留观病人的ICU监护床位费），按本市物价部门规定的床位费标准支付。(3) 门诊、急诊留观床位费，按本市物价部门规定的普通床位费标准支

付。对已包含在住院床位费或门诊、急诊留观床位费中的日常生活用品、院内运输用品和水电等费用，基本医疗保险基金不另行支付，定点医疗机构也不得再向参保人员单独收费。本市参保人员因公外出、探亲期间患病，或因病情需要经医疗保险事务经办机构批准转往外埠基本医疗保险定点医疗机构住院治疗（含门诊、急诊留观治疗）发生的床位费，如低于本市基本医疗保险规定的普通住院床位费支付标准的，以实际床位费按基本医疗保险的规定支付；高于本市基本医疗保险规定的普通住院床位费支付标准的，在支付标准以内的费用，按基本医疗保险的规定支付。

参见：京劳社医发〔2001〕15号

11. 医疗保险统筹基金不予支付的生活服务项目和服务设施范围有哪些

医疗保险统筹基金不予支付的生活服务项目和服务设施包括：（1）参保人员就诊或转诊的交通费、急救车车费；（2）参保人员住院期间病房内的除床位费以外的其他服务设施费用以及损坏公物的赔偿费；（3）参保人员住院期间的陪护费、护工费、洗理费、保险费等人工服务费用；（4）参保人员住院期间的膳食费；（5）文娱活动费以及其他特需生活服务费用。

参见：京劳社医发〔2001〕15号

12. 参保人员退休时享受基本医疗保险待遇应具备什么条件

2001年4月1日后参加工作，累计缴纳基本医疗保险费男满25年、女满20年的，按照国家规定办理了退休手续，按月领取基本养老金或退休费的人员,享受退休人员的基本医疗保险待遇,不再缴纳基本医疗保险费。

2001年4月1日以前办理了退休手续并享受按月领取基本养老金或退休费的人员,参加基本医疗保险免缴2%的基本医疗保险费,享受基本医疗保险待遇。

2001年4月1日前参加工作、2001年3月31日以后退休的职工,退休时累计缴纳基本医疗保险费的年限,男满25年,女满20年的不再缴纳基本医疗保险费。不足上述年限的,由本人按照用人单位和个人的缴费比例,按退休时的缴费工资基数一次性缴足基本医疗保险费和用人单位应缴纳的大额医疗费用互助资金后,享受退休人员医疗保险待遇。

2001年3月31日以后参加工作的职工,退休时累计缴纳基本医疗保险费用不足规定年限的,其个人账户余额退还本人,不再享受基本医疗保险待遇。

参见:2005年北京市人民政府令第158号,京劳社医发[2001]19号

13. 缴费年限如何计算

经劳动保障行政部门认定,2001年4月1日前,职工符合国家规定的连续工龄或工作年限,视同基本医疗保险缴费年限。参加本市基本养老保险的企业职工,已经劳动保障行政部门认定的连续工龄,视同基本医疗保险缴费年限;基本养老保险实行个人缴费制度后,其实际缴纳基本养老保险费的年限,视同基本医疗保险缴费年限。其他单位的职工由劳动保障行政部门按照国家连续工龄或工作年限的规定,核定基本医疗保险视同缴费年限。2001年4月1日后的缴费年限,按实际缴纳基本医疗保险费的

时间计算。

参见：京劳社医发〔2001〕19号

14. 2005年4月1日前参保单位职工缴费年限如何认定

除享受公费医疗单位及经批准可暂缓参加基本医疗保险的单位外，本市行政区域内未参加医疗保险的企业、事业单位及其职工和退休人员、享受公费医疗单位中不享受公费医疗待遇且未参加基本医疗保险的职工和退休人员，应当在2005年4月1日前参加基本医疗保险。

上述单位的职工，参加基本医疗保险后其2005年3月31日之前符合国家和本市规定的连续工龄、工作年限或缴纳基本养老保险费年限，视同基本医疗保险缴费年限，2005年4月1日之后其缴费年限按实际缴纳基本医疗保险费年限计算。

参见：京劳社医发〔2004〕185号

15. 缴费不足者如何享受医疗保险待遇

用人单位和参保职工应当按时足额缴纳医疗保险费。用人单位未按时足额缴纳基本医疗保险费和大额医疗费用互助资金的，参保职工不计为缴费年限，参保人员个人账户金暂不划入。未按时足额缴费之月前，参保人员发生的医疗费用按结算期计算并按规定支付；未按时足额缴费之月及以后，参保人员发生的医疗费用，基本医疗保险统筹基金和大额医疗费用互助资金不予支付，待单位按规定补齐欠费后，再按规定补记个人账户金额，支付有关医疗费用。参保人员未按规定足额缴纳基本医疗保险费和大额医疗费用互助资金的,不享受医疗保险待遇。

参见:京劳社医发〔2001〕19号

16. 破产企业退休人员缴费不足年限者能否享受医疗保险待遇

破产企业退休人员,累计缴费年限男不满25年、女不满20年的,应当按照基本医疗保险规定由个人一次性补足应缴费用后方可享受基本医疗保险待遇。因企业破产而提前退休的人员,累计缴费年限男不满25年、女不满20年的,补缴费用时提前退休年限对应的企业缴费部分,由破产企业补缴。

参见:京劳社医发〔2002〕46号

17. 基本医疗保险关系转移人员如何享受医疗保险待遇

因调动工作进京落户人员,按照国家和本市相关规定在本市参加基本医疗保险,享受医疗保险待遇。其在外埠参加基本医疗保险的缴费年限,可与在本市的缴费年限合并计算。

已达到或超过国家规定退休年龄的进京落户人员,不转移基本医疗保险关系和个人账户,不享受本市的基本医疗保险待遇。这类人员按照原所在地的规定,享受原所在地的基本医疗保险待遇。

参见:京劳社就复〔2004〕287号

18. 个人委托存档人员如何享受医疗保险待遇

存档人员初次参加基本医疗保险,缴费180天后发生符合规定范围的医疗费用，由基本医疗保险基金按规定的标准予以支付。符合下列情况之一的，其医疗费用自缴费之月起由医疗保险基金支付：(1) 自 2002 年 3 月 1 日起 60 天内参加基本医疗保险的；(2) 与用人单位解除劳动关系 60 天内参加基本医疗保险的；(3) 失业人员在停止领取失业保险金后 60 天内进行就业登记并参加基本医疗保险的。

参见：京劳社医发 [2001] 186 号

存档人员在职介中心或人才交流中心办理了退休手续并按月领取基本养老金的人员，以及按照《国务院关于工人退休、退职的暂行办法》（国发 [1978] 104 号）规定办理退职手续并按月领取退职生活费的退职人员，2001 年 4 月 1 日前退休、退职的，可以享受退休人员医疗保险待遇；2001 年 3 月 31 日以后退休、退职的，基本医疗保险累计缴费年限应达到男满 25 年，女满 20 年，方可享受退休人员医疗保险待遇。

参见：京劳社医发 [2001] 186 号

19. 个人委托存档人员缴费出现间断的如何享受医疗保险待遇

存档人员参加基本医疗保险后应当连续足额缴纳基本医疗保险费。逾期 90 天未缴费的，视为缴费间断。间断后再次缴费，按初次参加基本医疗保险享受待遇。

存档人员退休时，医疗保险缴费年限不足的，可以上一年本市职工月平均工资为缴费基数，按照 7% 足额补缴基本医疗保险后，自次月起享受退休人员医疗保险待遇。

参见：京劳社医发 [2001] 186 号

20. 个人委托存档人员参加医保后的待遇标准是怎样的

存档人员按规定参加基本医疗保险，符合本市基本医疗保险药品目录、诊疗项目目录以及服务设施范围和支付标准的以下医疗费用，纳入基本医疗保险报销范围：

（1）基本医疗保险统筹基金支付的住院医疗费用，大额医疗费用互助资金支付的在一个年度内累计超过基本医疗保险统筹基金最高支付限额的住院医疗费用；

（2）急诊抢救留观并收入住院治疗的，其住院前留观7日内的医疗费用；

（3）恶性肿瘤放射治疗和化学治疗、肾透析、肾移植后服抗排异药的门诊医疗费用。

存档人员在外埠发生的医疗费用，医疗保险基金不予支付。

存档人员按照国家规定办理了退休手续，按月领取基本养老金的，累计缴纳费基本医疗保险费时间男满25年，女满20年的，享受用人单位退休人员的医疗待遇。

参见：京劳社医发［2001］186号

21. 建设征地农转工自谋职业人员如何享受医疗保险待遇

（1）建设征地农转工自谋职业人员应当按照《北京市基本医疗保险规定》参加基本医疗保险，缴纳基本医疗保险费。累计缴费年限男满25年、女满20年且符合享受按月领取基本养老金待遇条件的，办理退休手续后按规定享受退休人员基本医疗保险待遇。

（2）建设征地农转工自谋职业人员在 2004 年 7 月 1 日前未参加基本医疗保险，自 2004 年 7 月 1 日起至预计达到国家规定的退休年龄时，累计缴费不满规定年限的，以办理补缴手续时上一年本市职工平均工资的 60％为基数，按 12％的比例（其中 9％划入统筹基金，2％划入个人账户，1％划入大额医疗互助资金）一次性补足差额年限的基本医疗保险费（计算到月）。补缴后继续缴纳基本医疗保险费，累计缴费达到规定年限的，办理退休手续后按规定享受退休人员基本医疗保险待遇。

建设征地农转工自谋职业人员在 2004 年 7 月 1 日前已参加基本医疗保险，但预计达到国家规定的退休年龄时，累计缴费不满规定年限的，按上述办法办理。

建设征地农转工自谋职业人员按养老保险的规定一次性补缴基本养老保险费的，其补缴的年限视同基本医疗保险缴费年限，但最多视同 10 年。

（3）建设征地农转工自谋职业人员在 2004 年 7 月 1 日已达到国家规定的退休年龄的，以办理补缴手续时上一年本市职工平均工资的 60％为基数，按 12％的比例（其中 9％划入统筹基金，2％划入个人账户，1％划入大额医疗互助资金）男一次性补缴 15 年、女一次性补缴 10 年基本医疗保险费。一次性补缴基本医疗保险费后，自劳动保障行政部门审核批准退休后的次月起，享受退休人员基本医疗保险待遇。

（4）建设征地农转工自谋职业人员累计缴纳基本医疗保险费男不满 25 年、女不满 20 年的，退休时不享受退休人员基本医疗保险待遇，个人账户余额一次性支付给本人。

参见：京劳社养发［2004］78 号

22. 农转居人员如何享受基本医疗保险待遇

参加基本医疗保险的农转居人员达到国家规定的退休年龄时,基本医疗保险累计缴费年限男满25年、女满20年且符合按月领取基本养老金条件的,办理退休手续后按规定享受退休人员基本医疗保险待遇。

不符合上款规定条件的不享受退休人员基本医疗保险待遇,个人账户余额一次性支付给本人,终止基本医疗保险关系。

为使农转居人员满足规定的享受退休人员基本医疗保险待遇的缴费年限条件,在办理参加社会保险手续时,应当按照以下办法补缴基本医疗保险费:(1) 农转居人员男年满31周岁的补缴1年基本医疗保险费,此后至年满51周岁前年龄每增加1岁增补1年,最多补缴10年;年满51周岁的补缴11年基本医疗保险费,至退休前每增加1岁增补1年,最多补缴15年。(2) 农转居人员女年满26周岁的补缴1年基本医疗保险费,此后至年满41周岁前每增加1岁增补1年,最多补缴5年;年满41周岁的补缴6年基本医疗保险费,至退休前年龄每增加1岁增补1年,最多补缴10年。

补缴基本医疗保险费,以其办理参加社会保险手续时上一年本市职工平均工资的60%为基数,按12%比例(集体经济组织10%,农转居人员2%,其中9%划入统筹基金,1%划入大额医疗互助资金,2%划入个人账户)一次性补缴。

农转居人员规定一次性补缴基本养老保险费的,其补缴基本养老保险费年限视同基本医疗保险缴费年限,但最多视同10年。

农转居人员按规定补缴基本医疗保险费后,在达到国家规定的退休年龄前继续缴纳基本医疗保险费的,享受当期基本医疗保险待遇;不继续缴纳基本医疗保险费的,不享受当期基本医疗保险待遇。

参见：京劳社养发〔2004〕122号

23. 对患特殊疾病的参保人员在减轻医疗费用负担上有哪些照顾政策

特殊疾病患者发生的符合基本医疗保险支付范围及标准的医疗费用按以下标准给予照顾：

（1）肾透析患者在门诊因病情需要，所进行的检查、治疗及使用的相关药品（抗感染用药、抗高血压药、抗贫血药、降血糖药及胰岛素、影响骨代谢药、调节水电解质及酸碱平衡用药）纳入基本医疗保险统筹基金支付范围。

（2）肾移植后抗排异治疗的患者，在门诊因病情需要，所进行的检查、治疗及使用的相关药品（抗感染用药、抗高血压药、抗贫血药、肝胆疾病辅助用药、降血糖药及胰岛素、影响骨代谢药、肾上腺皮质激素类用药）纳入基本医疗保险统筹基金支付范围。

（3）恶性肿瘤患者在门诊进行放射治疗、化学治疗期间，因病情需要，使用辅助性治疗的中药费用纳入基本医疗保险统筹基金支付范围。

（4）精神病患者在精神病定点专科医院及综合医院精神科病房住院，360天内只收取一次统筹基金起付标准费用，并减收起付标准的50%。

参见：京劳社医发〔2002〕62号

五、参保人员就医

1. 参保人员如何就医

参保人员应到个人选定的定点医疗机构或定点中医、定点专科医疗机构就医。就医时,需出示医疗保险就医凭证。"就医凭证"不得转借。

2. 参保人员如何选择定点医疗机构

根据"就近就医,方便管理"的原则,参保人员原则上可在单位和居住地所在区、县的基本医疗保险定点医疗机构(以下简称定点医疗机构)范围内选择4家个人就医的定点医疗机构,其中必须有一家基层定点医疗机构,如社区卫生服务中心(站)和厂矿、高校等对内服务的定点医疗机构。

本区、县没有三级定点医疗机构的,原则上可从与本区、县对口支援的三级定点医疗机构中确定。

参见:京劳社医发 [2001] 23 号

3. 参保人员可否选择定点中医及定点专科医疗机构

定点中医和定点专科医疗机构,为全市参保人员的定点医疗机构，参保人员可直接到上述定点医疗机构就医。

参见：京劳社医发〔2001〕23号

4. 对内服务的定点医疗机构如何选择

对内服务的定点医疗机构，仅限于本单位参保人员和居住区内的参保人员选择。

参见：京劳社医发〔2001〕23号

5. 异地安置或长驻外地参保人员如何选择定点医疗机构

异地安置或长期派往外地工作的参保人员，选择个人就医的定点医疗机构时，由本人提出申请，用人单位签署意见，共同填写《北京市医疗保险异地安置（外转医院）申报审批单》，由用人单位送交参保地区、县医保经办机构审批。异地安置人员可选择当地一家乡级（含）以上基本医疗保险定点医疗机构；长期派往外地人员可选择当地一家县级（含）以上基本医疗保险定点医疗机构，上述人员还可同时选择本市一家定点医疗机构。

参见：京劳社医发〔2001〕23号

6. 参保人员选定的定点医疗机构可否变更

参保人员选择个人就医定点医疗机构满1年后要求变更的，可在每年5月提交书面申请，由用人单位汇总并填写《北京市医疗保险定点医疗机构登记表》，到所在区、县医疗保险事务经办机构办理有关手续。

参见：京劳社医发〔2001〕23号

7. 参保人员能否到非本人选定的定点医疗机构就医

参保人员因患急症不能到本人选定的定点医疗机构就医时，可在就近的定点医疗机构急诊就医或住院治疗，但病情稳定后应及时转回本人的定点医疗机构。

参见：京劳社医发〔2001〕23号

8. 参保人员需要转诊转院的怎么办

参保人员因病情需要市内转诊转院时，须经本人就医的二、三级定点医疗机构副主任医师以上人员填写《北京市医疗保险转诊单》，由医疗机构医疗保险管理部门核准。社区卫生服务中心可向与本单位建立双向转诊关系的上级医院转诊。

参保人员因病情需要转往外地就医时，持个人填写的《北京市医疗保险易地安置（外转医院）申报审批单》、单位证明、转外医院的接收证明、定点医疗机构转诊证明，到所在区、县医疗保险事务经办机构审批。

参见：京劳社医发〔2001〕23号

9. 参保人员患恶性肿瘤、放化疗、肾透析、肾移植后服抗排异药如何就医

参保人员患恶性肿瘤放化疗、肾透析、肾移植后服抗排异药需在门诊就医时，由本人就医的二、三级定点医疗机构开具"疾

病诊断证明",并填写《北京市医疗保险特殊病种申报审批单》,到所在区、县医疗保险经办机构办理有关手续。其就医后取药仅限在就诊的定点医疗机构。

参见:京劳社医发〔2001〕23号

10. 参保人员在本市外突发疾病时如何就医

参保人员因公外出和探亲期间,在本市行政区域外突发疾病不能回京治疗的,可在当地一家县级(含)以上基本医疗保险定点医疗机构就医,医疗费用按本市基本医疗保险有关规定审核支付。

参见:京劳社医发〔2001〕23号

11. 存档人员可否到外地就医

存档人员在外地就医发生的医药费,医疗保险基金不予以报销。

参见:京劳社医发〔2001〕186号

12. 农民工如何就医

农民工参加基本医疗保险原则上实行单位集中选择两家定点医疗机构的定点就医管理办法,单位选择的医疗机构,应当在区县社会保险经办机构指定的定点医疗机构范围内选择。农民工急诊就医或转诊转院,按照现行的基本医疗保险有关规定办理。单位集中选择的两家定点医疗机构情况,由单位负责填入《北京市农民工参加基本医疗保险人员花名册》。

农民工参加基本医疗保险不再发放《北京市医疗保险手册》,

由区县社会保险经办机构向用人单位发放《北京市基本医疗保险农民工住院就医卡》(简称《就医卡》)。《就医卡》按照参保农民工人数的2%发放,农民工不足100人的按2张发放,用人单位需要增加发放数量时,可向区县社会保险经办机构提出申请,经批准后可增加发放数量。

《就医卡》由市社会保险基金管理中心统一制作,作用与《北京市医疗保险手册》相同。《就医卡》同时加盖区县医疗保险经办机构专用章(钢印)和单位公章后有效。《就医卡》不得外借、伪造,不得冒名顶替就诊。

农民工办理住院手续时应当同时出示本人身份证和《就医卡》,定点医疗机构认真核实农民工身份证和《就医卡》后,还应当通过"96102"电话确认个人参保及所在单位足额缴费情况。定点医疗机构确认无误后,农民工住院发生医疗费用,按照基本医疗保险有关规定进行结算;不符合要求的,其医疗费全部由农民工个人与定点医疗机构现金结算。

参见:京劳社办发〔2005〕136号

13. 农民工已领取《北京市医疗保险手册》的如何就医

农民工已按缴费工资基数2%参加基本医疗保险,并在同一单位连续缴费的,仍可持《北京市医疗保险手册》按原规定到定点医疗机构就医和办理住院医疗费用的结算。

参见:京劳社办发〔2005〕136号

14. 参保人员就医后如何购药

参保人员就医后，可在就诊的定点医疗机构取药，也可持加盖定点医疗机构专用章的医疗保险专用处方到基本医疗保险定点零售药店购药。

参见：京劳社医发 [2001] 23 号

15. 什么是处方外配

处方外配是指参保人员持基本医疗保险定点医疗机构医师开具的处方，在定点零售药店购药的行为。

外配处方应由基本医疗保险定点医疗机构的医师开具，有医师签名并加盖基本医疗保险定点医疗机构印章。参保人员持外配处方购药时，定点零售药店药师应对处方进行审核、签字，并加盖定点零售药店审核专用章，核对参保人员的其他有关证件，对手续不全者，定点零售药店不予给药。

16. 参保人员就医开药量有何规定

定点医疗机构要按照医疗保险的有关规定，门诊开药量急性病不得超过三日量，慢性病不超过七日量，行动不便的可开两周量；退休人员患高血压、糖尿病、冠心病、慢性肝炎、肝硬化、结核病、精神病、癌症、脑血管病、前列腺肥大疾病，且病情稳定需长期服用同一类药物的，可放宽到不超过一个月量。

参见：京劳社医发 [2001] 23 号

六、医疗费用结算

1. 医疗费用如何结算

参保人员符合本市基本医疗保险定点医疗管理规定,以及基本医疗保险药品目录、诊疗项目目录、医疗服务设施范围和支付标准的医疗费用,按有关规定进行结算。

参见:京劳社医发 [2001] 17 号

2. 基本医疗保险费用结算包括哪些

基本医疗保险费用结算包括以下范围:

(1) 由基本医疗保险个人账户支付的门诊、急诊医疗费用;到定点零售药店购药的费用;基本医疗保险统筹基金起付标准以下的医疗费用;超过基本医疗保险统筹基金起付标准,按比例应由个人支付的医疗费用。

(2) 由基本医疗保险统筹基金支付的住院治疗的医疗费用;急诊抢救留观并收入住院治疗的,其住院前留观 7 日内的医疗费用;恶性肿瘤放射治疗和化学治疗、肾透析、肾移植后服抗排异药的门诊医疗费用。

(3) 职工因公外出、探亲期间在外埠县级以上(含县级)、易地安置的退休人员在当地乡级以上(含乡级)的基本医疗保定点机构就医，符合基本医疗保险规定的医疗费用。

参见：京劳社医发〔2001〕17号

3. 基本医疗保险费用按什么方式结算

（1）参保人员门诊、急诊和住院医疗费用以服务项目结算为主要方式结算；

（2）部分病种的医疗费用按医疗机构的不同等级实行按病种结算；

（3）门诊肾透析、肾移植后服抗排异药的医疗费用实行定额结算。

参见：京劳社医发〔2001〕17号

4. 参保人员门、急诊医疗费用如何结算

参保人员到本人的定点医疗机构门诊、急诊，按规定应由基本医疗保险个人账户支付的医疗费用，参保人员凭《北京市民卡》与定点医疗机构直接结算，由市和区、县社会保险基金管理机构拨付给定点医疗机构或者定点零售药店。不属于基本医疗保险个人账户支付范围的医疗费用或者个人账户资金不足支付时，由参保人员现金结算。

参见：京劳社医发〔2001〕17号

5. 门诊特殊病就医及医疗费用如何结算

（1）参保人员患有三种特殊病需在门诊就医时，由本人就医的二、三级定点医疗机构开具疾病诊断证明，参保人员填写《北

京市医疗保险特殊病种申报审批单》到所在区、县医疗保险经办机构办理有关手续，其就医后取药仅限在就诊的定点医疗机构。

（2）参保人员在个人选定的特殊病定点医疗机构进行特殊病就医时，医疗机构收看其医疗保险手册或市民卡，结算期内发生的医疗费用由定点医疗机构随时或定期与参保人员现金结清个人应交纳的自付、自费部分，同时将应由基本医疗保险统筹基金、大额医疗互助基金支付的记账费用填写在医保手册上或读入市民卡，定点医疗机构可于每月 1—20 日随时向患者参保地医疗保险经办机构申报结算。

参见：京医保发［2001］25 号

6. 住院医疗费用如何结算

参保人员需住院治疗的，先在住院处用《医疗保险手册》或市民卡进行身份识别，住院处工作人员查询确认足额缴费情况，确认为足额缴费后，收取参保人员《医疗保险手册》或市民卡及个人应交纳的自付部分预交金，将参保患者收入院治疗。出院结账时，现金结清个人自付、自费部分的医疗费用，应由基本医疗保险统筹基金、大额医疗互助资金支付的记账医疗费用，由定点医疗机构填写《医疗保险手册》或读入市民卡中，并填写相关凭证，向参保地医疗保险经办机构申报审核结算。

参见：京医保发［2001］14 号；京医保发［2001］25 号；京劳社医保发［2001］39 号

7. 参保人员急诊抢救留观并收入住院的医疗费用如何报销

参保人员急诊抢救留观并收入住院治疗的，其住院前留观7日内，参保人员已现金支付的医疗费用应由基本医疗保险统筹基金支付的，由参保人员单位汇总，持缴费证明、参保人员定点医疗机构收入院证明、急诊处方底方及医疗费收据等有关资料，于参保人员出院后的次月1日至20日内到参保的市和区、县医疗保险事务经办机构申请审核、结算。

参见：京劳社医发〔2001〕17号

8. 家庭病床医疗费用如何结算

参保人员到本人选定的社区卫生服务中心（站）就医，社区卫生服务中心（站）可为需住院治疗的或经住院治疗病情稳定需继续连续治疗的参保人员开设治疗性家庭病床。家庭病床医疗费用的结算与门、急诊结算方式相同。

参见：京劳社医发〔2001〕24号

9. 转诊转院医疗费用如何结算

（1）转诊

参保人员因病情需要，在本市内定点医疗机构之间转诊的，在转诊期限内发生的符合医疗保险规定的门、急诊大额医疗费用，由大额医疗费用互助资金支付（结算同普通门、急诊）。转诊期间收入院的，其基本医疗保险统筹基金支付的起付标准，按照北京市劳动和社会保障局《关于贯彻实施"北京市基本医疗保险规定"

有关问题的处理办法》(京劳社医发［2001］19号)第18条执行,既视为新入院,其住院医疗费用结算办法与普通住院相同。

(2) 转院

参保人员住院期间因病情需要或定点医疗机构医疗技术水平、设备条件所限等原因,直接转往外院住院治疗时,中途转院发生的医疗费用,按照北京市劳动和社会保障局《关于贯彻实施"北京市基本医疗保险规定"有关问题的处理办法》(京劳社医发［2001］19号)第24条"参保人员连续住院并转院治疗的,基本医疗保险统筹基金支付起付标准按一次计算,支付比例按医院级别分别计算"的规定执行,其住院医疗费用结算办法与普通住院相同。

参保人员住院期间因病情需要中途转院治疗的,转入、转出的定点医疗机构各计算一个住院人次,参保人员算一次住院。参保人员与转出的定点医疗机构现金结清个人自付和自费部分的医疗费用。转出的定点医疗机构将费用和诊断情况填写《医疗保险手册》或读入市民卡中,并通知转入的定点医疗机构。转入、转出的定点医疗机构对参保人员在该院住院期间发生的符合基本医疗保险规定的记账医疗费用,分别填写相关凭证,报区、县医保经办机构审核结算。

定点医疗机构或用人单位在向区、县医保经办机构申报参保人员转诊、转院发生的医疗费用时,须附经主治医生填写的"北京市医疗保险转诊单";异地安置的参保人员在当地定点医疗机构治疗期间因病情需要转诊转院的,需由参保人员本人选定的当地定点医疗机构开具转诊证明,并加盖定点医疗机构医疗保险管理部门印章,作为医疗费用报销凭据。

参见:京医保发［2001］25号

10. 在定点零售药店购药费用如何结算

参保人员到本人的定点零售药店购药，按规定应由基本医疗保险个人账户支付的医疗费用，参保人员凭《北京市民卡》与定点零售药店直接结算，由市和区、县社会保险基金管理机构拨付给定点零售药店。

参见：京劳社医发 [2001] 17 号

11. 异地安置人员或职工因公外出、探亲在外地发生的医药费如何报销

参保人员在外埠的定点医疗机构就医发生的医疗费用，先由个人垫付，按规定应由本市基本医疗保险个人账户和统筹基金支付的医疗费用，由用人单位按月汇总，持外埠定点医疗机构的诊断证明、处方底方、费用清单和医疗费收据，填写《北京市医疗保险外埠就医费用申报明细表》，每月 1 日至 20 日内向参保的市和区、县医疗保险事务经办机构申请审核、结算。

参见：京劳社医发 [2001] 17 号

12. 跨年度连续住院的医疗费用如何结算

参保人员跨年度连续住院的医疗费用，医保经办机构与定点医疗机构对其当年 12 月 31 日以前（含 31 日）发生的医疗费用和自下一年 1 月 1 日起发生的住院医疗费用分别清结，并分别记录在参保人员的医疗保险手册上。参保人员出院后，跨年度连续住院的医疗费用，定点医疗机构向参保地区、县医保经办机构申报审核结算。

参见：京劳社医发［2001］17号；京医保发［2001］23号

13. 欠缴医疗保险费期间医疗费用如何结算

（1）参保人员住院时或开始进行门诊特殊病治疗时用人单位未足额缴费的，参保人员先现金支付所有医疗费用，待用人单位足额补缴医疗保险费后，用人单位汇总参保人员在定点医疗机构就诊的诊断证明、处方底方、专用收据、住院费用明细等，并填写相关凭证，每月1日至20日内向参保地的医保经办机构申报审核结算。

（2）参保人员入院后用人单位未按时足额缴费的，医保经办机构按有关规定只支付一个结算期内的医疗费用。如果超过一个结算期，用人单位仍然欠费的，医保经办机构不予支付医疗费用。待用人单位按规定补齐欠费后，再按补报欠缴期间医疗费用结算办法进行结算。

参见：京医保发［2001］14号

14. 实施计划生育手术发生的医疗费用如何结算

按照劳动和社会保障部、国家计划生育委员会、财政部、卫生部《关于妥善解决城镇职工计划生育手术费用问题的通知》的规定，计划生育手术费用是指职工因实行计划生育需要，实施放置（取出）宫内节育器、流产术、绝育及复通手术所发生的医疗费用。

参保人员按照《北京市计划生育条例》规定，在门诊和住院实施计划生育手术的医疗费用先由个人垫付，经医保经办机构核准后，符合基本医疗保险有关规定的医疗费用，由基本医疗保险统筹基金全额支付,不计入最高支付限额累计,不负担基本医疗保险统筹基金的起付标准,无自付比例。

参见:京医保发〔2001〕14号

15. 参保人员住院时发生的自费医疗费用怎么办

参保人员住院治疗,如使用个人应自费的药品、诊疗项目及服务设施的,需经本人或家属同意。医疗费用中由个人支付的部分,参保人员与定点医疗机构直接结算。

参见:京劳社医发〔2001〕17号

16. 什么是结算期

结算期是指参保人员治疗的起始时间点到需要结账时点的一个医疗时间段。在这个时间段内发生的医疗费用在扣除起付标准后按比例报销;超过这个时间段,算做另一次治疗,需要再扣除一个起付标准,并重新计算报销比例。参保人员住院治疗不超过90天的,每次住院为一个结算期;超过90天,发生的医疗费用每90天为一个结算期,结算后视为第二次住院,需要重新确定起付标准和基本医疗保险统筹基金的支付比例。超过180天的视为第三次住院,超过270天的视为第四次住院。

参见:京劳社医发〔2001〕19号

17. 特殊疾病的结算期有什么规定

恶性肿瘤门诊放射治疗、化学治疗,长期做肾透析治疗、肾移植手术后需长期服用抗排异药物的患者及患有精神病确需长年住院的患者其发生的医疗费每 360 天为一个结算期。

参见：京劳社医保发［2001］129 号

18. 跨年度住院医疗费用的计算办法

基本医疗保险统筹基金支付的结算期，全年连续计算。参保人员跨年度住院的医疗费用，按当年和次年分别累加计算，当年 12 月 31 日前发生的医疗费累计到该年支付的医疗费用中。次年 1 月 1 日起发生的医疗费用计算到次年累计支付的医疗费用总额中，其住院次数、基本医疗保险统筹基金支付的起付标准与上年住院次数连续计算，医疗费用分段支付的比例不变。基本医疗保险统筹基金支付的最高限额按上年、次年分别计算。本次出院后或结算期满后，当年再次住院或进入下一个结算期，按第一次住院计算起付标准。

参见：京劳社医发［2001］19 号

19. 医疗保险费用申报结算的程序是怎样的

（1）定点医疗机构

• 定点医疗机构要为参保人员及时结算各种医疗费用，对出院的参保人员，要在其办理出院手续之日起 3 个工作日内完成住院医疗费用结算。

• 对住院期间或患"三种特殊病"门诊治疗期间跨区、县转移医疗保险关系的参保人员发生的医疗费用，定点医疗机构要向新的参保地医疗保险经办机构申报结算。

• 对已经明确为医疗事故的、由医疗事故引起的并发症及后遗症的医疗费用，定点医疗机构不得向医疗保险经办机构申报；

对申报费用后确定为医疗事故的，应及时通知有关区（县）医疗保险经办机构并办理退费手续。

（2）用人单位

• 为使参保人员的医疗费用得到及时审核结算，用人单位应随时汇总参保人员年度内发生医疗保险费用的相关材料（其中累计的门、急诊、未收入院的急诊留观医疗费用必须超过大额医疗费用互助资金起付标准），并以个人医疗费用的发生时间为顺序进行排列，必须在3个月内向各区（县）医疗保险经办机构申报结算，不得无故拖延。申报结算时间为每月1日至20日（节假日顺延）。

• 用人单位在申报跨区（县）转移医疗保险关系的参保人员医疗费用时，应将参保人员在原区（县）、原单位年度内未申报的医疗费用一同申报。

• 用人单位在申报参保人员急诊留观并收入院前7天费用（含入院当天急诊费用）、家庭病床费用、异地安置医疗费用、全额现金垫付的住院及三种特殊病费用时，必须填写《北京市医疗保险手工报销费用审批表》，同时附参保人员的《北京市医疗保险手册》，并要求在15个工作日后及时将医疗保险手册取回，返还参保人员。

（3）区（县）医疗保险经办机构

区（县）医疗保险经办机构在审核结算医疗保险费用后，应按规范要求，向用人单位和定点医疗机构提供所需材料。

参见：京医保发〔2003〕13号

七、大额医疗费用互助

1. 什么是大额医疗费用互助

大额医疗费用互助是为了解决住院大病和门诊慢性病职工个人负担过重问题,由政府举办的一种补充医疗保险,参加医疗保险的企业和不享受公务员医疗补助的事业单位必须参加,是基本医疗保险的必要补充部分。

2. 什么是大额医疗费用

大额医疗费用是指职工和退休人员在一个年度内累计超过一定数额的门诊、急诊医疗费用和超过基本医疗保险统筹基金最高支付限额(不含起付标准以下及个人负担的部分)的住院医疗费用。

3. 什么人可以参加大额医疗费用互助

本市参加基本医疗保险的用人单位及其职工和退休人员都应当参加大额医疗费用互助。实行国家公务员医疗补助办法的用人单位及其职工和退休人员不实行大额医疗费用互助。

4. 大额医疗费用互助资金如何缴纳

大额医疗费用互助资金由用人单位和个人共同缴纳。用人单位按全部职工缴费工资基数之和的1%缴纳，职工和退休人员个人按每月3元缴纳。大额医疗费用互助资金在每月缴纳基本医疗保险费时一并缴纳。大额医疗费用互助资金不足支付时，财政给予适当补贴。

参见：2005年北京市人民政府第158号令

职工缴纳的大额医疗费用互助资金由用人单位从工资中代扣代缴；参加本市基本养老保险的退休人员缴纳的大额医疗互助资金，可采取以下形式代扣代缴：(1)用人单位从支付退休人员的非基本养老保险基金负担的费用中代扣代缴；(2)用人单位委托银行和邮局从社会保险基金管理机构委托银行和邮局代发的基本养老保险金中代扣后上缴；(3)退休人员以现金形式按月向用人单位缴纳，用人单位代为上缴。参加本市基本养老保险的退休人员应缴纳的大额医疗费用互助资金，由所在单位从退休费中代扣代缴。

参见：京劳社医发［2001］18号

为减轻参保单位事务性负担，同时方便退休人员，针对退休人员居住分散，企业代扣退休人员大额医疗互助资金存在困难的实际问题，自2007年4月起，采取从分配给退休人员的基本医疗保险个人账户资金中代扣退休人员大额医疗互助资金的方式，但仅限于持有基本医疗保险专用存折的退休人员。在职职工与易地安置的退休人员个人应缴纳的大额医疗互助资金仍由所在单位按月代扣代缴。

参见：京社保发［2007］2号

5. 大额医疗费用互助资金的用途是什么

大额医疗费用互助资金按比例支付职工和退休人员在一个年度内累计超过一定数额的门诊、急诊医疗费用和超过基本医疗保险统筹基金最高支付限额（不含起付标准以下以及个人负担部分）的医疗费用以及恶性肿瘤放射治疗和化学治疗、肾透析、肾移植后服抗排异药的门诊医疗费用。

参见：2005年北京市人民政府第158号令，京劳社医发[2001]18号

6. 大额医疗费用互助如何支付

大额医疗费用互助资金对符合基本医疗保险规定的大额医疗费用按照下列办法支付：(1)职工在一个年度内门诊、急诊医疗费用累计超过2 000元的部分，大额医疗费用互助资金支付50%，个人支付50%。(2)退休人员在一个年度内门诊、急诊医疗费用累计超过1 300元的部分，不满70周岁的退休人员，大额医疗费用互助资金支付70%，个人支付30%；70周岁以上的退休人员，大额医疗费用互助资金支付80%，个人支付20%。(3)大额医疗费用互助资金在一个年度内累计支付职工和退休人员门诊、急诊医疗费用的最高数额为2万元。(4)职工和退休人员在一个年度内超过基本医疗保险统筹基金最高支付限额（不含起付标准以下以及个人负担部分）的住院医疗费用，恶性肿瘤放射治疗和化学治疗、肾透析、肾移植后服抗排异药的门诊医疗费用，大额医疗费用互助资金支付70%，个人支付30%。但大额医疗费用互助资金在一个年度内累计支付最高数额为10万元。

参见：2005年北京市人民政府第158号令

7. 门诊、急诊大额医疗费用按什么程序支付

（1）职工和退休人员的门诊、急诊大额医疗费用先由个人支付，由用人单位汇总。用人单位每月1日至20日到参保地的区、县医疗保险事务经办机构报销门诊、急诊大额医疗费用。

（2）用人单位报销门诊、急诊大额医疗费用应持缴费证明，填写门诊、急诊大额医疗费用申报审批表，附职工和退休人员的门诊、急诊诊断证明、处方底方及医疗费收据等有关资料。

（3）区、县医疗保险事务经办机构收到用人单位门诊、急诊大额医疗费用申报审批表和有关材料后，在30个工作日内进行审查，对符合规定的医疗费用，通知区、县社会保险基金管理机构予以支付。

参见：京劳社医发［2001］18号

8. 住院大额医疗费用按什么程序支付

（1）职工和退休人员的住院大额医疗费用以及恶性肿瘤放射治疗和化学治疗、肾透析、肾移植后服抗排异药的门诊大额医疗费用，按规定应由个人负担部分，由个人与定点医疗机构直接结算；由大额医疗费用互助资金支付部分，先由个人支付，由用人单位汇总。

（2）用人单位每月1日至20日到参保地的区、县医疗保险事务经办机构报销住院等大额医疗费用。用人单位报销住院等大额医疗费用应持缴费证明，填写有关的申报审批表，附职工和退休人员的诊断证明、处方底方、大额医疗费用结算单及医疗费收据等有关资料。

（3）区、县医疗保险事务经办机构收到大额医疗费用申报审

批表和有关材料后，进行初审，签署审核意见，报市医疗保险事务经办机构复审。对符合规定的，通知区、县医疗保险事务经办机构，由区、县社会保险基金管理机构支付其大额医疗费用。

（4）用人单位收到社会保险基金管理机构支付的医疗费用后，应按支付数额及时发给有关职工和退休人员。

9. 什么情况下大额医疗费用互助资金不予支付

用人单位及其职工和退休人员不按规定缴纳大额医疗费用互助资金的，大额医疗费用互助资金不予支付其大额医疗费用。

职工和退休人员未经转诊到非本人的定点医疗机构（紧急抢救除外）或擅自赴外地医疗机构就医发生的大额医疗费用，大额医疗费用互助资金不予支付。

参见：京劳社医发［2001］18号

10. 大额医疗费用互助资金如何管理

用人单位及其职工和退休人员共同缴纳的大额医疗费用互助资金，在每月缴纳基本医疗保险费时一并上缴社会保险基金管理机构。大额医疗费用互助资金实行全市统筹，纳入社会保障基金财政专户管理，与基本医疗保险基金分别管理，分别核算。

参见：京劳社医发［2001］18号

八、补充医疗保险

1. 什么是补充医疗保险

补充医疗保险是基本医疗保险的补充形式,企业在参加了基本医疗保险后,为提高职工和退休人员的医疗保障水平,企业可以根据自身的经营情况和对医药费用的承受能力,拿出一定的资金为本单位职工和退休人员建立补充医疗保险,用于解决退休人员个人医疗费用负担的医疗费用,以及职工住院治疗需要个人自付的医疗费用。企业补充医疗保险由企业自行管理。

参见:京劳社医发〔2001〕16号

2. 哪些单位可以建立企业补充医疗保险

参加本市城镇职工基本医疗保险的企业和不享受公务员医疗补助的事业单位可以建立企业补充医疗保险。

参见:京政办发〔2001〕94号

参加基本医疗保险且不享受公务员医疗补助的企业和事业单位应当按照《北京市人民政府办公厅关于印发本市城市特困人员医疗救助暂行办法的通知》(京政办发〔2001〕94号)的有关规定,建立补充医疗保险。

3. 企业补充医疗保险的资金如何列支

补充医疗保险费的提取额在本企业上一年职工工资总额4%以内的部分从成本中列支。

参见：京劳社医发〔2001〕16号

补充医疗保险费在本单位上一年度职工工资总额4%以内的部分，企业列"劳动保险费"，事业单位到"事业支出"的"社会保障费"支出（专职从事经营活动的职工的补充医疗保险费列"经营支出"）。

参见：京财社〔2001〕237号

4. 企业补充医疗保险资金如何使用

企业补充医疗保险要向退休人员和患病住院职工倾斜，首先解决退休人员住院费用中需个人自付部分、门诊大额互助资金报销后需个人自付部分的医疗费，以及职工住院费用中需个人自付的医疗费。

补充医疗保险费支付职工和退休人员在定点医疗机构和定点零售药店发生的下列费用：

（1）个人账户不足支付时的医疗费用；

（2）基本医疗保险统筹基金支付之余应由个人支付的医疗费用；

（3）大额医疗费用互助资金支付之余应由个人支付的医疗费用。

企业补充医疗保险的支付范围，可以比照本市基本医疗保险定点医疗管理规定，以及基本医疗保险药品目录、诊疗项目目录、服务设施范围和支付标准确定。具体支付比例由企业确定。

企业补充医疗保险费当年结余部分，结转下一年度使用。

参见：京劳社医发［2001］16号

参加基本医疗保险人员要认真执行《北京市企业补充医疗保险暂行办法》（京劳社医发［2001］16号）规定，补充医疗保险资金应当主要用于支付基本医疗保险统筹基金和大额医疗互助资金支付范围内个人负担的医疗费用，禁止以人均形式发给参保人员。

用人单位制定的补充医疗保险办法，要对建国前参加革命的老工人和享受医疗照顾人员给予适当照顾。

参见：京劳社医发［2003］52号

5. 破产企业移交社会化管理的退休人员如何建立补充医疗保险

为了减轻破产企业实行社会化管理退休人员参加基本医疗保险后个人医疗费用负担，按以下办法为其建立补充医疗保险制度：

（1）预提补充医疗保险资金。以企业破产上一年本市职工平均工资的6％为基数，按破产企业实有退休人员数以及全部退休人员实际年龄距本市居民平均期望寿命的年限进行预提。企业预提的补充医疗保险资金应当一次性足额缴纳到所在区、县的社会保险基金管理中心，区县按照规定时间上缴到市社会保险基金管理中心，并纳入市社保财政专户管理。

补充医疗保险资金从企业破产财产变现收入或土地使用权转让所得中预提。国有破产企业，预提资金不足部分由同级财政补足。

（2）补充医疗保险资金的使用。基本医疗保险统筹基金支付范围内（不含起付标准以下的部分）由个人负担的医疗费用，补充医疗保险资金支付 50%；大额医疗互助资金支付范围内（不含门诊 1 500 元以下的部分）由个人负担的医疗费用，补充医疗保险资金支付 60%。

参见：京劳社医发 [2002] 46 号

6. 外商投资企业的中方退休人员参加医疗保险后，是否可以享受补充医疗保险待遇

外商投资企业的中方退休人员参加医疗保险后，除享受基本医疗保险和大额医疗互助待遇外，享受本企业的补充医疗保险待遇。外商投资企业也可参照破产企业实行社会化管理退休人员补充医疗保险的标准预提费用并一次性足额缴纳到所在区、县社会保险基金管理中心后，对其退休人员的补充医疗保险实行社会化管理。

参见：京劳社医发 [2002] 46 号

7. 补充医疗保险如何管理

补充医疗保险由企业管理。企业补充医疗保险的具体管理办法以及每年度的预算方案须经职工（代表）大会审议，股份制企业还须经股东大会和董事会审议。企业补充医疗保险的执行情况接受职工（代表）大会审查，并向全体职工公布。

参见：京劳社医发 [2001] 16 号

在单位自管基础上，为扩大资金的共济能力，鼓励中、小型企业实行行业统筹或委托商业保险公司进行管理。

用人单位制定及修改的补充医疗保险办法，应当及时告知本单位参保人员。用人单位应当及时报销参保人员补充医疗保险的

费用，最迟在 90 日内完成审核与支付手续。补充医疗保险资金支出情况应当每半年向本单位职工、退休人员公布一次。

参见：京劳社医发〔2003〕52 号

8. 对特殊疾病人员补充医疗保险的报销比例是多少

补充医疗保险对癌症放化疗、肾透析、肾移植后抗排异治疗及精神病长期住院治疗等特殊疾病人员要给予政策性倾斜，报销比例不得低于患者自付费用的 50%。

参见：京劳社医发〔2003〕52 号

9. 退休人员统一补充医疗保险是怎么回事

为了进一步完善医疗保险制度，减轻退休人员的医疗费负担，根据《北京市基本医疗保险规定》的有关规定，经市政府批准，决定建立全市退休人员统一补充医疗保险制度，退休人员统一补充医疗保险享受范围为参加北京市基本医疗保险的退休人员，享受公务员医疗补助的退休人员除外。

参见：京劳社医发〔2006〕9 号

10. 哪些医疗费用由退休人员统一补充医疗保险支付

基本医疗保险统筹基金支付范围内（不含起付标准以下部分）及大额医疗费用互助资金支付范围内（不含门诊 1 300 元以下部分）由个人按比例负担的医疗费，由退休人员统一补充医疗保险支付 50%。

参见：京劳社医发〔2006〕9 号

11. 退休人员统一补充医疗保险如何管理

退休人员统一补充医疗保险的经办工作由社会保险经办机构具体负责管理。退休人员门诊和住院发生的应由统一补充医疗保险支付的医疗费用，经审核后由社会保险经办机构直接划入退休人员基本医疗保险个人账户；异地安置退休人员发生的应由统一补充医疗保险支付的医疗费用，由社会保险经办机构将结算后的费用通过退休人员所在单位支付给退休人员。

参见：京劳社医发［2006］9号

12. 退休人员是否享受原单位补充医疗保险

建立退休人员统一补充医疗保险后，退休人员除以下情况外，原则上不再享受原单位补充医疗保险待遇。

（一）原单位补充医疗保险待遇比退休人员统一补充医疗保险待遇高的，实行统一补充保险后，原单位应继续由单位补充医疗保险报销一部分，以不降低退休人员基本医疗待遇。

（二）对单位管理的医疗照顾人员以及建国前参加革命工作的老工人、劳动模范等人员，还应由用人单位补充医疗保险按照有关规定予以照顾。

（三）对医疗费用负担较重且符合救助条件的退休人员，应由单位补充医疗保险给予救助。

（四）其他需要由单位补充医疗保险给予照顾的退休人员，原单位补充医疗保险应给予政策倾斜和照顾。

参见：京劳社医发［2006］9号

九、公务员医疗补助

1. 什么是公务员医疗补助

公务员医疗补助是国家为保障公务员医疗待遇水平不降低而建立的补充医疗保险制度,是对封顶线以上部分的医疗费、门诊医疗费个人账户支付不足部分、统筹基金支付中个人负担过重部分给予的补助。

2. 哪些人可以享受公务员医疗补助

参加基本医疗保险的符合原享受公费医疗范围的单位及其职工和退休人员可以享受公务员医疗补助。

参见:国办发[2001]55号

3. 哪些医疗费可以由国家公务员医疗补助经费报销

国家公务员医疗补助经费用于支付符合基本医疗保险药品目录、诊疗项目目录以及医疗服务设施标准的属于个人负担的医疗费用,以及医疗照顾人员按规定享受照顾所发生的医疗费用。

参见:国办发[2001]55号

4. 国家公务员医疗补助的资金从什么渠道列支

医疗补助的筹资标准是参照享受医疗补助人员当期的实际消费水平、基本医疗保障水平和工资收入水平,由劳动部、财政部逐年核定的。目前暂定为上年用人单位职工工资总额的5%。医疗补助的经费列入财政预算,由财政统一划拨。

参见:国办发[2001]55号

5. 国家公务员医疗补助的标准是多少

(1) 职工和退休人员在一个年度内累计超过基本医疗保险统筹基金最高支付限额以上的医疗费用,超过部分为5万元以下的,补助90%;超过部分为5万元以上的,补助95%。基本医疗保险统筹基金最高支付限额以下由个人负担的医疗费用(含起付标准以下部分),退休人员和享受医疗照顾的在职人员补助95%;其他在职人员补助90%。

(2) 在一个年度内发生的门诊、急诊医疗费用累计超过1 300元的部分,退休人员和享受医疗照顾的在职人员补助95%,其他在职人员补助90%。

(3) 享受医疗照顾人员按规定在医疗服务设施、诊疗项目等方面享受照顾时发生的医疗费用超过基本医疗保险规定支付的部分,由医疗补助经费按医疗照顾政策的规定予以补助。

参见:国办发[2001]55号

十、基本医疗保险医疗救助

1. 医疗救助的对象有哪些

(1) 享受本市城市居民最低生活保障（以下简称城市低保）待遇的人员；

(2) 家庭月人均收入高于本市城市低保标准但低于本市最低工资标准的本市城镇职工基本医疗保险对象；

(3) 本市规定的其他特殊生活困难人员。

参见：京政办发 [2001] 94 号

2. 医疗救助待遇有哪些

(1) 城市低保对象凭《北京市城市居民最低生活保障金领取证》就诊时，减收基本手术费和 CT、核磁共振大型设备检查费 20%，减收普通住院床位费 50%。

(2) 城市低保对象患危重病时发生的医疗费用，全年个人负担累计超过 1 000 元以上，可申请享受医疗救助。其中，享受医疗保险人员在扣除各项医疗保险可支付部分、所在单位承担部分及失业人员在失业保险期内享受的有关医疗待遇后，全年个人负担医疗费用累计仍超过 1 000 元以上且影响其基本生活时，也可申请享受医疗救助。医疗救助的额度按照个人负担医疗费用的

50%支付,全年个人累计医疗救助支付额度原则上不超过1万元。确属特殊困难人员,经向户口所在地街道办事处(乡镇人民政府)申请、区县民政部门审批后,可适当增加医疗救助比例。

(3) 城市低保对象中无生活来源、无劳动能力又无法定赡养人或者抚养人的人员(以下简称"三无"人员)和因公致残返城知青及20世纪60年代初精减退职老职工的医疗费,按原有政策规定执行。北京市社会福利医院对"三无"人员和因公致残返城知青免收门诊挂号费和诊疗费,减收基本手术费和普通检查费30%,减收普通住院床位费60%。

(4) 参加本市城镇职工基本医疗保险的企业和事业单位职工和退休人员中家庭月人均收入高于本市城市低保标准但低于本市最低工资标准者,患危重病时发生的医疗费用按照有关规定报销符合医疗保险支付范围内的医疗费用后,个人负担部分仍超过家庭年收入50%的,所在单位应当通过补充医疗保险或者其他途径给予医疗救助,救助额度应不低于个人负担医疗费用的50%。停产、半停产等特殊困难企业确实无力支付医疗救助资金时,职工或退休人员可通过所在单位向所在区县劳动保障部门申请医疗救助,报经市劳动保障部门批准后,按照个人负担医疗费用50%的额度给予救助,全年个人享受的医疗救助金额原则上不超过1万元。确属特殊困难人员,经所在单位向所在区县劳动保障部门申请、市劳动保障部门审批后,可适当增加医疗救助比例。

参见:京政办发 [2001] 94 号

3. 社会医疗救助的补助标准是多少

符合医疗保险报销范围内的医疗费用,按照个人负担医疗费用的 50％补助，全年个人累计最高补助额不超过 1 万元。

参见：京政办发［2001］94 号

4. 如何办理医疗救助申请

享受低保待遇的参保人员到街道民政部门申请医疗救助。符合家庭月人均收入高于本市最低生活保障标准但低于本市最低工资标准的人员个人负担的医疗费超过家庭上一年收入 50％的，向工作单位申请，由单位救助；单位属于停产、半停产无力救助的，通过单位向区县劳动保障部门申请，由市政府救助。

参见：京劳社医发［2002］43 号

5. 向劳动保障部门申请医疗救助的程序是什么

符合申请医疗救助条件的，首先本人所在单位提出医疗救助申请，单位审查同意后，再向所在区县劳动保障局行政部门提出申请，区、县劳动保障行政部门进行初审，对符合条件的上报市劳动保障行政部门；对不符合条件的下达不予批准的通知书。市劳动保障行政部门收到申请材料后内进行审查，予以批复。特困人员享受医疗救助待遇经批准后，由区、县劳动保障行政部门通知用人单位。用人单位收到通知后，将特困人员情况在单位内公示，征求群众意见，接受群众监督，公示期满，用人单位将公示的情况上报所在区、县劳动保障行政部门，持医疗救助批准书及特困人员有关医疗单据到区、县医保中心进行复核，到区、县社保中心领取医疗救助金，并及时发放给特困人员本人。

参见：京劳社医发［2002］43 号

6. 向劳动保障部门申请医疗救助，个人应准备哪些材料

北京市医疗保险参保人员申请医疗救助，首先应填写《北京市医疗保险参保人员医疗救助申请表》，并提交下列材料：（1）居民户口簿、居民身份证及复印件；（2）家庭成员收入证明，在职人员的收入证明由其所在单位的劳动人事部门按照市劳动保障行政部门的统一要求填写并加盖公章，退休人员需出具领取养老金或退休费的有关证明；（3）16岁以上的家庭成员在校学习或就业状况的证明；（4）特困人员疾病证明和医疗费用单据的复印件；（5）其他相关的证明和材料。

参见：京劳社医发［2002］43号

7. 向劳动保障部门申请医疗救助，用人单位需提供哪些材料

用人单位对本单位参保人员材料审核后，报所在区县劳动保障行政部，同时提交下列材料：（1）本企业连续三年的《北京市国有企业会计报表资产负债表》或《北京市集体企业会计报表资产负债表》；（2）本企业连续三年的《北京市国有企业会计报表资产损益表》或《北京市集体企业会计报表资产损益表》；（3）《企业停工、半停工月报表》；（4）特困企业上级主管部门的意见；（5）《北京市医疗保险参保人员医疗救助申请表》及相关材料。

参见：京劳社医发［2002］43号

8. 申请医疗救助的时间有多长

享受医疗救助的人员自医疗救助资金支付之日起在当年内享受医疗救助满 6 个月的应重新提出申请，跨年度的，进入下一年度时重新提出申请。

参见：京劳社医发 [2002] 43 号

9. 哪些费用医疗救助资金可以支付

医疗救助资金支付由个人负担且符合本市基本医疗保险规定的下列医疗费用：

(1) 基本医疗保险统筹基金起付标准以下个人负担的医疗费用；基本医疗保险统筹基金起付标准以上、最高支付限额以下按比例由个人负担的医疗费用。

(2) 门诊大额互助资金起付标准以下个人负担的医疗费用；门诊大额互助资金起付标准以上按比例由个人负担的医疗费用。

(3) 基本医疗保险统筹基金封顶线以上按比例由个人负担的大额医疗费用

参见：京劳社医发 [2002] 43 号

10. 医疗救助资金如何筹集

实施医疗救助所需资金通过政府资助和社会筹集等方式解决。(1) 市财政每年安排一定资金用于市劳动保障部门管理的医疗救助对象的医疗救助补助和对困难区县医疗救助资金缺口的补助。(2) 各区县根据上年度享受城市低保待遇的人数，按照每人每月城市低保标准的 15% 安排医疗救助资金，列入区县财政预算。(3) 从社会福利彩票所筹福利资金中提取 15％用于城市特困人员的医疗救助。

参见：京政办发 [2001] 94 号

十一、基本医疗保险医疗服务管理

1. 什么是基本医疗保险定点医疗机构

基本医疗保险定点医疗机构是指经市劳动和社会保障局认定,取得定点资格,由市和区、县医疗保险事务经办机构确定,并签订协议,为参加基本医疗保险的职工和退休人员(以下简称参保人员)提供医疗服务的医疗机构。

参见:京劳社医发〔2001〕11号

2. 确定定点医疗机构的原则是什么

确定定点医疗机构,应方便参保人员就医并便于管理;兼顾专科与综合、中医与西医,注重发挥社区卫生服务机构的作用;促进医疗卫生资源的优化配置,提高医疗卫生资源的利用效率;提高医疗服务质量,合理控制医疗服务成本。

参见:京劳社医发〔2001〕11号

3. 什么样的医疗机构可以申请定点医疗机构

本市行政区域内经市和区、县卫生行政部门批准并取得《医疗机构执业许可证》的非营利性医疗机构,以及经总后卫生部批准有资格对社会开放的解放军、武装警察部队所属医疗机构,可以申请定点医疗机构资格。经卫生行政部门批准,为内部职工服务的医疗机构,可以申请定点医疗机构资格;取得定点资格的,可以作为定点医疗机构供本单位参保人员选择。

定点医疗机构应符合以下条件和要求:(1)符合本市区域医疗机构设置规划。(2)符合医疗机构评审标准。(3)遵守国家及本市有关医疗服务管理的法律、法规、标准和规定;有药品、医用设备、医用材料、医疗统计、病案、财务管理等医疗服务管理制度;有符合本市医疗质量管理标准的常见病诊疗常规。(4)严格执行国家及本市物价部门制定的医疗服务和药品的价格政策、收费标准,经物价部门检查合格。解放军、武装警察部队所属医疗机构还应取得《中国人民解放军事业单位有偿服务许可证》和《中国人民解放军事业单位有偿收费许可证》。(5)严格执行基本医疗保险的有关政策规定,建立了与基本医疗保险相适应的内部管理制度;有根据业务量配备的专(兼)职管理人员,医院(含社区卫生服务中心)应成立由主管院长(主任)负责的医疗保险内部管理部门;有满足医疗保险需要的计算机等办公设备。

参见:京劳社医发[2001]11号

4. 与定点医疗机构签订的医疗服务协议包括哪些内容

市和区、县医疗保险事务经办机构与定点医疗机构签订的医疗服务协议包括服务人群、服务范围、服务内容、服务质量、医疗费用结算办法、医疗费用支付标准以及医疗费用审核与控制等内容。协议有效期为一年。任何一方违反协议,另一方均有权解除协议,但须提前3个月通知对方和参保人员,并报市和区、县劳动和社会保障局备案。

参见：京劳社医发〔2001〕11号

5. 定点医疗机构必须执行什么规定

定点医疗机构要执行基本医疗保险各项规定，使用基本医疗保险专用处方、出院结算单和票据；执行基本医疗保险的医疗费用结算办法，对参保人员的医疗费用单独建账，及时、准确提供参保人员医疗费用的有关资料和统计报表；参加基本医疗保险《北京市基本医疗保险药品目录》监测网；严格执行本市医疗服务收费标准。

参见：京劳社医发〔2001〕11号

6. 定点医疗机构医疗服务设施收费上有什么要求

定点医疗机构要公开床位收费标准和基本医疗保险床位支付标准，在安排病房或门诊、急诊留观床位时，应将所安排的床位收费标准告知参保人员或其家属。参保人员或其家属可以根据定点医疗机构的建议自主选择不同档次的病房或门诊、急诊留观床位。由于床位紧张或其他原因，定点医疗机构在没有选择余地，必须把参保人员安排在超标准病房时，应首先征得参保人员或其家属同意。

参见：京劳社医发〔2001〕15号

7. 什么是基本医疗保险定点零售药店

基本医疗保险定点零售药店，是指经市劳动和社会保障局认定，取得定点资格，经市医疗保险事务经办机构确定，并签订协议，为参加基本医疗保险的职工和退休人员提供处方外配服务的零售药店。

8. 确定定点零售药店的原则是什么

确定定点零售药店，应符合区域规划，布局合理；保证基本医疗保险用药的品种和质量；引入竞争机制，合理控制药品服务成本；方便参保人员就医后购药和便于管理。

参见：京劳社医发〔2001〕12号

9. 申请定点零售药店应具备哪些条件

定点零售药店应符合以下条件和要求：（1）有《药品经营企业许可证》和《营业执照》，符合药品监督和物价管理要求，经药品监督管理和物价部门检查合格。（2）有与定点服务相适应的资金、场所和设备。注册资金应在50万元（含）人民币以上，流动资金应在80万元（含）人民币以上；营业面积应在120平方米（含）以上，仓储面积在80平方米（含）以上；并具有良好的储藏设备和条件。连锁经营的零售药店，资金和仓储面积等条件视不同情况可适当放宽。（3）有及时、准确供应医疗保险用药，确保24小时提供服务的能力。营业时间内至少有一名药师值班，营业人员应经药品监督管理部门、劳动和社会保障局培训合格。（4）实施处方药与非处方药分类管理。能从通过国家药品监督管理部门颁布的《药品经营质量管理规范》（GSP）认证，或经药品监督管理部门认可的药品经营企业购药，不得经营假劣药品。（5）遵守《中华人民共和国药品管理法》及有关法规、规定，有健全规范的药品质量保证措施和规章制度，确保供药安全、有效和服务质量。严格执行国家和本市有关药品价格的规定，实行明码标价。（6）有根据医疗保险工作需要配备的专（兼）职管理人员和相应的计算机设备，使用符合基本医疗保险要求的管理软件；执行基本医疗保险制度的政策规定和有关的统计、信息、报告制度；做好基本医疗保险宣传工作。（7）其他条件和管理要求。

参见：京劳社医发［2001］12号

10. 与定点零售药店签订的协议包括哪些内容

市医疗保险事务经办机构在取得定点资格的零售药店范围内确定定点零售药店，与定点零售药店签订协议。协议包括服务范围、服务内容、服务质量、药费结算办法以及药费审核等内容。协议有效期为一年。任何一方违反协议，另一方均有权解除协议，但须提前一个月通知对方和参保人员，并报市劳动和社会保障局备案。

参见：京劳社医发［2001］12号

11. 定点零售药店在参保人员处方外配中应遵循哪些规定

定点零售药店应加强对外配处方的管理。外配处方应由基本医疗保险定点医疗机构的医师开具，有医师签名并加盖基本医疗保险定点医疗机构印章。参保人员持外配处方购药时，定点零售药店药师应对处方进行审核、签字，加盖定点零售药店审核专用章，并核对参保人员的其他有关证件，对手续不全者，定点零售药店不予给药。外配处方应单独管理、存放、建账,并定期向所在区、县医疗保险事务经办机构报告处方外配及费用的发生情况。外配处方保存期限为2年。

参见:京劳社医发[2001]12号

12. 基本医疗保险用药如何管理

本市基本医疗保险用药报销范围通过制定《北京市基本医疗保险药品目录》(以下简称《药品目录》)进行管理。确定《药品目录》药品品种,应与本市临床治疗的基本需要和本市的经济发展水平相适应,兼顾用药习惯,中西药并重。

参见:京劳社医发[2001]13号

13. 具备什么条件的药品方可列入《药品目录》

列入本市《药品目录》的药品,应是临床必需、安全有效、价格合理、使用方便、能够保证供应,并具备下列条件之一的药品:

(1)《中华人民共和国药典》(现行版)收载的药品;
(2) 符合国家药品监督管理部门颁发标准的药品;
(3) 国家药品监督管理部门批准正式进口的药品;
(4)《北京市药品标准》(现行版)收载的药品;
(5)《中国医院制剂规范》(现行版)和《北京市医疗单位制剂规程》(现行版)收载的医院制剂;
(6) 符合市药品监督管理部门颁发标准的医院制剂。

参见:京劳社医发[2001]13号

14. 什么样的药品不能列入《药品目录》

(1) 主要起营养滋补作用的药品;

(2) 部分可以入药的动物及动物脏器,干(水)果类;

(3) 用中药材和中药饮片炮制的各类酒制剂;

(4) 各类药品中的果味制剂、口服泡腾剂;

(5) 血液制品、蛋白类制品(特殊适应证与急救、抢救除外);

(6) 劳动和社会保障部以及本市规定基本医疗保险基金不予支付的其他药品。

参见:京劳社医发 [2001] 13号

15.《药品目录》中"甲类目录"和"乙类目录"是如何划分的

《药品目录》中的西药和中成药分为"甲类目录"和"乙类目录"。"甲类目录"的药品应是临床治疗必需、使用广泛、疗效好、同类药品中价格低的药品。"乙类目录"的药品应是可供临床治疗选择使用、疗效好、同类药品中比"甲类目录"药品价格略高的药品。"甲类目录"由国家统一制定,本市不做调整。"乙类目录"由国家制定,本市根据经济发展水平、医疗需求和用药习惯,按照国家有关规定和要求适当进行调整。本市对"乙类目录"中易滥用、毒副作用较大的药品,按临床适应证、医疗机构等级、医生专业技术职务、科别等予以限定。

参见:京劳社医发 [2001] 13号

16. 《药品目录》中的药品是否定期进行调整

本市《药品目录》原则上两年调整一次，一年增补一次。根据每年国家《药品目录》的增补情况，增补进入国家"甲类目录"的药品，列入本市"甲类目录"；增补进入国家"乙类目录"的药品，经评审领导小组组织评审后，确定是否进入本市的"乙类目录"。

参见：京劳社医发〔2001〕13号

17. 什么是基本医疗保险诊疗项目

诊疗项目是指各种医疗技术劳务项目和采用医疗仪器、设备与医用材料进行的诊断、治疗项目。

参见：京劳社医发〔2001〕14号

18. 如何对基本医疗保险诊疗项目进行管理

本市基本医疗保险诊疗项目范围通过制定《北京市基本医疗保险诊疗项目目录》（简称《诊疗项目目录》）进行管理。确定《诊疗项目目录》应根据临床诊断治疗的基本需要，结合本市经济状况和医疗技术发展水平，科学合理，方便管理。纳入本市《诊疗项目目录》的，应是定点医疗机构为参保人员提供的定点医疗服务范围内的，临床诊疗必需、安全有效、费用适宜的，并由物价部门制定了收费标准的诊疗项目。

参见：京劳社医发〔2001〕14号

19.《诊疗项目目录》中甲乙类目录是如何划分的

纳入本市《诊疗项目目录》中的诊疗项目分为"甲类目录"和"乙类目录"。"甲类目录"的诊疗项目是临床诊疗必需、安全有效、费用适宜的诊疗项目。

"乙类目录"的诊疗项目是可供临床诊疗选择使用,效果确定,但需适当控制使用的诊疗项目。"乙类目录"中的部分项目,按照临床适应证、医院级别与专科特点、医疗技术人员资格等予以限定。

参见:京劳社医发〔2001〕14 号

20.《诊疗项目目录》中的诊疗项目是否定期调整

本市《诊疗项目目录》在国家基本医疗保险诊疗项目范围调整的基础上,根据本市医疗保险基金的支付能力和医学技术的发展水平进行调整,原则上每两年调整一次。

参见:京劳社医发〔2001〕14 号

21. 什么是基本医疗保险医疗服务设施

基本医疗保险医疗服务设施,是指由定点医疗机构提供的,参保人员在接受诊断、治疗和护理过程中必需的,物价部门制定了收费标准的生活服务设施。

参见:京劳社医发〔2001〕15 号

22. 基本医疗保险服务设施范围如何管理

本市基本医疗保险医疗服务设施范围按照《北京市基本医疗保险医疗服务设施目录》(简称《医疗服务设施目录》)执行。

参见：京劳社医发 [2001] 15 号

十二、基本医疗保险的法律责任

1. 用人单位不按时足额缴纳医疗保险费应承担什么法律责任

(1) 用人单位不按照规定缴纳基本医疗保险费或者大额医疗费用互助资金，致使基本医疗保险基金未能按照规定划入个人账户，职工和退休人员不能享受相关医疗保险待遇的，用人单位应当赔偿职工和退休人员由此造成的损失。

(2) 用人单位不按照规定缴纳基本医疗保险费或者不按照规定申报基本医疗保险缴费工资基数，致使基本医疗保险费漏缴、少缴，或者不按照规定代扣代缴基本医疗保险费的，由劳动保障行政部门责令限期缴纳，逾期仍不缴纳的，除补缴欠缴数额外，从欠缴之日起，按日加收2‰的滞纳金。

(3) 用人单位不按照规定参加基本医疗保险和缴纳基本医疗保险费的，由劳动保障行政部门按照国务院《社会保险费征缴暂行条例》的规定进行处罚。

(4) 用人单位骗取医疗保险基金支出的，由社会保险经办机构追回被骗取的基金，并由劳动保障行政部门对该用人单位处骗取金额1倍以上3倍以下罚款；情节严重构成犯罪的，依法追究刑事责任。

参见：2005年北京市人民政府令第158号

2. 定点医疗机构违反医疗保险规定应承担什么法律责任

定点医疗机构有下列行为之一，造成基本医疗保险基金损失的，应当赔偿损失，由劳动保障行政部门责令改正，可以并处5 000元以上2万元以下的罚款；情节严重的，取消基本医疗保险定点医疗机构资格：

（1）将未参加医疗保险人员的医疗费用由基本医疗保险统筹基金或者大额医疗费用互助资金支付的；

（2）将应由个人负担的医疗费用由基本医疗保险统筹基金或者大额医疗费用互助资金支付的；

（3）将非急诊、抢救病人的费用列入急诊、抢救项目支付的；

（4）将不符合住院标准的病人进行住院治疗，或者故意延长病人住院时间，或者挂名住院、作假病历的；

（5）挪用他人个人账户的；

（6）弄虚作假、调换药品的；

（7）采取其他手段骗取医疗保险金的。

有前款行为之一，但未造成医疗保险基金损失的，劳动保障行政部门可以对该定点医疗机构处5 000元以下罚款。

定点医疗机构违反医疗、药品、物价等管理规定的，劳动保障行政部门应当提请有关部门处理；情节严重的，取消其定点资格。

参见：2005年北京市人民政府令第158号

3. 定点零售药店违反医疗保险规定应承担什么法律责任

定点零售药店有下列行为之一的,由劳动保障行政部门处以1 000元以上2万元以下的罚款;情节严重的,取消其定点零售药店资格:

(1) 不按照外配处方出售药品的;
(2) 不按照外配处方剂量配药的;
(3) 将外配处方用药换成其他物品的。

定点零售药店违反医疗、药品、物价等管理规定的,劳动保障行政部门应当提请有关部门处理;情节严重的,取消其定点资格。

参见:2005年北京市人民政府令第158号

4. 参保人员违反医疗保险规定应承担什么法律责任

参加医疗保险的个人弄虚作假骗取医疗保险待遇,或者转卖医疗保险基金报销的药品谋取不当利益,造成医疗保险基金损失的,由劳动保障行政部门责令退还,并对该个人处骗取医疗保险基金额1倍以上3倍以下罚款;情节严重构成犯罪的,依法追究刑事责任。

前款行为未造成医疗保险基金损失的,劳动保障行政部门可以对该个人处1 000元以下罚款。

参见:2005年北京市人民政府令第158号

附录 1

北京市现行基本医疗保险政策法规选编

北京市基本医疗保险规定

(2001年2月20日北京市人民政府第68号令公布
根据2003年12月1日北京市人民政府第141号令第一次修改
根据2005年6月6日北京市人民政府第158号令第二次修改)

目 录

第一章 总则
第二章 基本医疗保险基金
第三章 基本医疗保险个人账户
第四章 基本医疗保险待遇
第五章 补充医疗保险
第六章 医疗管理
第七章 组织管理和监督
第八章 法律责任
第九章 附则

第一章 总 则

第一条 为了保障职工和退休人员患病时得到基本医疗,享受医疗保险待遇,根据国家有关规定,结合本市实际情况,制定本规定。

  第二条 本市行政区域内的城镇所有用人单位，包括企业、机关、事业单位、社会团体、民办非企业单位（以下简称用人单位）及其职工和退休人员适用本规定。

  用人单位及其职工和退休人员参加基本医疗保险的具体时间由市劳动和社会保障行政部门（以下简称市劳动保障行政部门）规定。

  第三条 市劳动保障行政部门主管全市医疗保险工作，组织实施医疗保险制度，负责医疗保险工作的管理和监督检查。

  区、县劳动保障行政部门负责本行政区域内医疗保险工作的管理和监督检查。市和区、县劳动保障行政部门设立的社会保险经办机构，具体经办医疗保险工作。

  第四条 基本医疗保险费实行用人单位和职工个人双方负担、共同缴纳、全市统筹的原则。基本医疗保险基金实行社会统筹和个人账户相结合的原则。基本医疗保险的保障水平应当与本市社会生产力发展水平以及财政、用人单位和个人的承受能力相适应。

  第五条 本市在实行基本医疗保险的基础上，建立大额医疗费用互助制度，实行国家公务员医疗补助办法，企业和事业单位可以建立补充医疗保险，鼓励用人单位和个人参加商业医疗保险。

  第六条 结合基本医疗保险制度的建立，积极推进城镇医药卫生体制改革，用比较低廉的费用，为职工和退休人员提供比较优质的医疗服务，满足广大人民群众基本医疗服务的需要。

第二章 基本医疗保险基金

第七条 基本医疗保险基金应当以收定支，收支平衡。

第八条 基本医疗保险基金由下列各项构成：

（一）用人单位缴纳的基本医疗保险费；

（二）职工个人缴纳的基本医疗保险费；

（三）基本医疗保险费的利息；

（四）基本医疗保险费的滞纳金；

（五）依法纳入基本医疗保险基金的其他资金。

第九条 基本医疗保险费由用人单位和职工个人共同缴纳。用人单位和职工应当按时足额缴纳基本医疗保险费。不按时足额缴纳的，不计个人账户，基本医疗保险统筹基金不予支付其医疗费用。

第十条 职工按本人上一年月平均工资的2%缴纳基本医疗保险费。

职工本人上一年月平均工资低于上一年本市职工月平均工资60%的，以上一年本市职工月平均工资的60%为缴费工资基数，缴纳基本医疗保险费。

职工本人上一年月平均工资高于上一年本市职工月平均工资300%以上的部分，不作为缴费工资基数，不缴纳基本医疗保险费。

无法确定职工本人上一年月平均工资的，以上一年本市职工月平均工资为缴费工资基数，缴纳基本医疗保险费。

第十一条 本规定施行前已退休的人员不缴纳基本医疗保险费。

本规定施行后参加工作，累计缴纳基本医疗保险费男满25年、女满20年的，按照国家规定办理了退休手续，按月领取基本养老金或者退休费的人员，享受退休人员的基本医疗保险待遇，不再缴纳基本医疗保险费。

本规定施行前参加工作施行后退休，缴纳基本医疗保险费不满前款规定年限的，由本人一次性补足应当由用人单位和个人缴纳的基本医疗保险费后，享受退休人员的基本医疗保险待遇，不再缴纳基本医疗保险费。经劳动保障行政部门认定，职工的连续工龄或者工作年限符合国家规定的，视同基本医疗保险缴费年限。

第十二条　用人单位按全部职工缴费工资基数之和的9%缴纳基本医疗保险费。

第十三条　基本医疗保险费缴费比例需要调整时，由市劳动保障行政部门会同市财政部门提出，报市人民政府批准。

第十四条　用人单位应当按时向社会保险经办机构如实申报职工上一年月平均工资，社会保险经办机构按照规定核定基本医疗保险缴费工资基数。

第十五条　用人单位应缴纳的基本医疗保险费，由社会保险经办机构委托用人单位的开户银行以"委托银行收款（无付款期）"的结算方式按月扣缴。

职工个人应缴纳的基本医疗保险费，由用人单位按月从本人工资中代扣代缴。

第十六条　基本医疗保险基金实行全市统筹，分级管理，全部纳入社会保障基金财政专户，实行收支两条线管理。

基本医疗保险基金要专款专用，不得挤占或者挪用，不得用于平衡财政收支。

第十七条　基本医疗保险基金当年筹集的部分，按银行活期存款利率计息；上年结转的基金本息，按3个月期整存整取银行存款利率计息；存入社会保障基金财政专户的沉淀基金，比照3

年期零存整取储蓄存款利率计息，并不低于该档次利率水平。

第十八条 基本医疗保险基金执行统一的社会保险预决算制度、财务会计制度和内部审计制度。

第三章 基本医疗保险个人账户

第十九条 社会保险经办机构应当为职工和退休人员建立基本医疗保险个人账户（以下简称个人账户）。

第二十条 个人账户由下列各项构成：

（一）职工个人缴纳的基本医疗保险费；

（二）按照规定划入个人账户的用人单位缴纳的基本医疗保险费；

（三）个人账户存储额的利息；

（四）依法纳入个人账户的其他资金。

第二十一条 用人单位缴纳的基本医疗保险费的一部分按照下列标准划入个人账户：

（一）不满35周岁的职工按本人月缴费工资基数的0.8％划入个人账户；

（二）35周岁以上不满45周岁的职工按本人月缴费工资基数的1％划入个人账户；

（三）45周岁以上的职工按本人月缴费工资基数的2％划入个人账户；

（四）不满70周岁的退休人员按上一年本市职工月平均工资的4.3％划入个人账户；

（五）70周岁以上的退休人员按上一年本市职工月平均工资的4.8％划入个人账户。

前款所列标准根据社会经济发展和基金收支情况需要调整时，由市劳动保障行政部门会同市财政部门提出调整方案，报市人民政府批准后公布施行。

第二十二条 个人账户存储额每年参照银行同期居民活期存款利率计息。

第二十三条 个人账户的本金和利息为个人所有,只能用于基本医疗保险,但可以结转使用和继承。

职工和退休人员死亡时,其个人账户存储额划入其继承人的个人账户;继承人未参加基本医疗保险的,个人账户存储额可一次性支付给继承人;没有继承人的,个人账户存储额纳入基本医疗保险统筹基金。

第二十四条 失业人员不缴纳基本医疗保险费,个人账户停止计入,余额可继续使用。失业人员在领取失业保险金期间,按照失业保险规定享受医疗补助待遇。

第二十五条 参加基本医疗保险的人员在参保的区、县内流动时,只转移基本医疗保险关系,不转移个人账户存储额;跨区、县或者跨统筹地区流动时,转移基本医疗保险关系,同时转移个人账户存储额。

第四章 基本医疗保险待遇

第二十六条 基本医疗保险统筹基金和个人账户划定各自支付范围,分别核算,不得互相挤占。符合基本医疗保险基金支付范围的医疗费用,由基本医疗保险统筹基金和个人账户分别支付。

第二十七条 基本医疗保险基金支付职工和退休人员的医疗费用,应当符合本市规定的基本医疗保险药品目录、诊疗项目目录以及服务设施范围和支付标准。

基本医疗保险药品目录、诊疗项目目录以及医疗服务设施范围和支付标准的具体办法,由市劳动保障行政部门会同有关部门另行制定。

第二十八条 个人账户支付下列医疗费用：

（一）门诊、急诊的医疗费用；

（二）到定点零售药店购药的费用；

（三）基本医疗保险统筹基金起付标准以下的医疗费用；

（四）超过基本医疗保险统筹基金起付标准，按照比例应当由个人负担的医疗费用。

个人账户不足支付部分由本人自付。

第二十九条 基本医疗保险统筹基金支付下列医疗费用：

（一）住院治疗的医疗费用；

（二）急诊抢救留观并收入住院治疗的，其住院前留观7日内的医疗费用；

（三）恶性肿瘤放射治疗和化学治疗、肾透析、肾移植后服抗排异药的门诊医疗费用。

第三十条 基本医疗保险基金不予支付下列医疗费用：

（一）在非本人定点医疗机构就诊的，但急诊除外；

（二）在非定点零售药店购药的；

（三）因交通事故、医疗事故或者其他责任事故造成伤害的；

（四）因本人吸毒、打架斗殴或者因其他违法行为造成伤害的；

（五）因自杀、自残、酗酒等原因进行治疗的；

（六）在国外或者香港、澳门特别行政区以及台湾地区治疗的；

（七）按照国家和本市规定应当由个人自付的。

第三十一条 企业职工因工负伤、患职业病的医疗费用，按照工伤保险的有关规定执行。女职工生育的医疗费用，按照国家和本市的有关规定执行。

第三十二条 基本医疗保险统筹基金支付的起付标准按上一年本市职工平均工资的 10% 左右确定。个人在一个年度内第二次以及以后住院发生的医疗费用，基本医疗保险统筹基金支付的起付标准按上一年本市职工平均工资的 5% 左右确定。

第三十三条 基本医疗保险统筹基金在一个年度内支付职工和退休人员的医疗费用累计最高支付限额按上一年本市职工平均工资的 4 倍左右确定。

第三十四条 基本医疗保险统筹基金支付的起付标准和最高支付限额需要调整时，由市劳动保障行政部门会同市财政部门提出，报市人民政府批准后，由市劳动保障行政部门发布。

第三十五条 基本医疗保险统筹基金支付医疗费用设定结算期。

结算期按职工和退休人员住院治疗的时间，恶性肿瘤放射治疗和化学治疗、肾透析、肾移植后服抗排异药门诊治疗的时间设定。

第三十六条 在一个结算期内职工和退休人员发生的医疗费用，按医院等级和费用数额采取分段计算、累加支付的办法，由基本医疗保险统筹基金和个人按照以下比例分担：

（一）在三级医院发生的医疗费用：

1. 起付标准至 3 万元的部分，统筹基金支付 85%，职工支付 15%；

2. 超过 3 万元至 4 万元的部分，统筹基金支付 90%，职工支付 10%；

3. 超过 4 万元的部分，统筹基金支付 95%，职工支付 5%。

（二）在二级医院发生的医疗费用：

1. 起付标准至 3 万元的部分，统筹基金支付 87%，职工支付 13%；

2. 超过3万元至4万元的部分,统筹基金支付92%,职工支付8%;

3. 超过4万元的部分,统筹基金支付97%,职工支付3%。

(三)在一级医院以及家庭病床发生的医疗费用:

1. 起付标准至3万元的部分,统筹基金支付90%,职工支付10%;

2. 超过3万元至4万元的部分,统筹基金支付95%,职工支付5%;

3. 超过4万元的部分,统筹基金支付97%,职工支付3%。

(四)退休人员个人支付比例为职工支付比例的60%。

但基本医疗保险统筹基金按照比例支付的最高数额不得超过本规定第三十三条规定的最高支付限额。

本条第一款所列基本医疗保险统筹基金支付比例需要调整时,由市劳动保障行政部门会同市财政部门提出调整方案,报市人民政府批准后公布施行。

第五章 补充医疗保险

第三十七条 建立大额医疗费用互助制度。大额医疗费用互助资金按比例支付职工和退休人员在一个年度内累计超过一定数额的门诊、急诊医疗费用和超过基本医疗保险统筹基金最高支付限额(不含起付标准以下以及个人负担部分)的医疗费用。参加基本医疗保险的用人单位及其职工和退休人员应当参加大额医疗费用互助,但实行国家公务员医疗补助办法的用人单位及其职工和退休人员除外。

大额医疗费用互助办法由市劳动保障行政部门会同市财政部门制定。

第三十八条 大额医疗费用互助资金由用人单位和个人共同

缴纳。用人单位按全部职工缴费工资基数之和的1‰缴纳，职工和退休人员个人按每月3元缴纳。大额医疗费用互助资金在每月缴纳基本医疗保险费时一并缴纳。

大额医疗费用互助资金不足支付时，财政给予适当补贴。

大额医疗费用互助资金缴费比例、缴费金额需要调整时，由市劳动保障行政部门会同市财政部门提出，报市人民政府批准。

第三十九条 大额医疗费用互助资金实行全市统筹，单独列账，纳入社会保障基金财政专户，按照基本医疗保险基金计息办法计息。

大额医疗费用互助资金由社会保险经办机构负责统一筹集、管理和使用。

第四十条 大额医疗费用互助资金对符合基本医疗保险规定的大额医疗费用按照下列办法支付：

（一）职工在一个年度内门诊、急诊医疗费用累计超过2 000元的部分，大额医疗费用互助资金支付50%，个人支付50%。

（二）退休人员在一个年度内门诊、急诊医疗费用累计超过1 300元的部分，不满70周岁的退休人员，大额医疗费用互助资金支付70%，个人支付30%；70周岁以上的退休人员，大额医疗费用互助资金支付80%，个人支付20%。

（三）大额医疗费用互助资金在一个年度内累计支付职工和退休人员门诊、急诊医疗费用的最高数额为2万元。

（四）职工和退休人员在一个年度内超过基本医疗保险统筹基金最高支付限额（不含起付标准以下以及个人负担部分）的住院医疗费用，恶性肿瘤放射治疗和化学治疗、肾透析、肾移植后服抗排异药的门诊医疗费用，大额医疗费用互助资金支付70%，个人支付30%。但大额医疗费用互助资金在一个年度内累计支付最高数额为10万元。

大额医疗费用互助资金起付标准、支付比例、最高支付限额需要调整时,由市劳动保障行政部门会同市财政部门提出,报市人民政府批准。

第四十一条 参加基本医疗保险的企业和事业单位可以建立补充医疗保险。企业补充医疗保险费在本企业职工工资总额4%以内的部分,列入成本。

补充医疗保险办法由市劳动保障行政部门会同市财政部门制定。

第四十二条 国家公务员在参加基本医疗保险的基础上,享受医疗补助待遇,具体办法由市劳动保障行政部门会同市财政部门提出,报市人民政府批准后施行。

第四十三条 对于享受本市城镇居民家庭最低生活保障的职工和退休人员,在个人负担的医疗费用上给予照顾。

本市设立特困人员医疗救助资金,有关部门应当采取措施,多方筹集资金,解决特困人员因医疗费支出过大造成的困难。

第六章 医 疗 管 理

第四十四条 本市医疗保险实行定点医疗制度。按照"就近就医、方便管理"的原则,职工和退休人员可选择3至5家定点医疗机构,由所在单位汇总后,报单位所在地区、县社会保险经办机构,由社会保险经办机构统筹确定。定点专科医疗机构和定点中医医疗机构为全体参保职工和退休人员共同的定点医疗机构。

职工和退休人员患病时,按照规定持医疗保险凭证到本人定点医疗机构就诊,也可凭定点医疗机构经治医师开具的处方到定点零售药店购药。

第四十五条 愿意承担基本医疗保险定点服务的医疗机构和

零售药店，可以向劳动保障行政部门提出申请，对符合条件的，由市劳动保障行政部门认定为定点医疗机构和定点零售药店，核发资格证书，并向社会公布。取得定点资格并被确定为定点医疗机构、定点零售药店的，与社会保险经办机构签订协议。

定点医疗机构、定点零售药店的管理办法，由市劳动保障行政部门会同市财政、卫生、中医管理和药品监督等部门制定。

第四十六条 有关部门对定点医疗机构和定点零售药店要实行动态管理。定点医疗机构、定点零售药店要严格执行国家和本市规定的价格政策和标准，执行基本医疗保险制度的有关规定，建立与基本医疗保险管理相适应的内部管理制度。

第四十七条 定点医疗机构应当设立专门机构或者设置专职人员负责基本医疗保险的具体工作，严格执行国家和本市有关医疗服务的管理规定和标准，制定并执行常见病诊疗常规，建立医疗质量效益综合评估标准，准确提供参加基本医疗保险人员门诊、急诊、住院和单病种等有关资料。

第四十八条 定点零售药店应当配备人员负责基本医疗保险的具体工作，遵守国家和本市有关药品管理的规定，建立药品质量保证制度，做到供药安全、有效。

第四十九条 门诊、急诊医疗费用和住院医疗费用中由个人支付的部分，以及在定点零售药店购药的费用，由个人与定点医疗机构、定点零售药店直接结算；基本医疗保险统筹基金支付的医疗费用，由社会保险经办机构审核后与定点医疗机构进行结算。具体办法由市劳动保障行政部门会同市财政、卫生部门另行制定。

第五十条 改革城镇医疗卫生服务体系，大力发展社区卫生服务，方便人民群众就医。通过引入竞争机制，抑制医疗费用的过快增长，减轻人民群众和社会的负担。建立新的医疗机构分类管理制度，实行医药分开核算、分别管理和药品集中招标采购制度，加强对医疗服务和药品价格的监管。

第七章 组织管理和监督

第五十一条 本市医疗保险实行行政管理、基金管理与事务经办分开管理的体制。

第五十二条 劳动保障行政部门的职责是：

（一）贯彻执行医疗保险的法律、法规和有关规定；

（二）组织实施医疗保险制度；

（三）研究制定医疗保险的政策和发展规划；

（四）指导社会保险经办机构的工作；

（五）监督检查医疗保险费的征缴和医疗保险基金的支付；

（六）监督检查定点医疗机构、定点零售药店执行基本医疗保险规定的情况。

第五十三条 社会保险经办机构的职责是：

（一）按照规定负责医疗保险费的收缴和医疗保险基金的支付和管理；

（二）编制医疗保险基金预算、决算；

（三）按照规定建立和管理基本医疗保险个人账户；

（四）按照规定与定点医疗机构、定点零售药店签订协议，审核支付医疗保险费用，对定点医疗机构、定点零售药店的医疗保险工作进行指导；

（五）提供医疗保险查询、咨询服务；

（六）国家和本市规定的其他职责。

第五十四条 社会保险经办机构所需经费，列入财政预算，由财政拨付。

第五十五条 劳动保障、卫生、中医管理、药品监督、物价等部门应当加强对用人单位和参加医疗保险的个人、定点医疗机构、定点零售药店的管理和监督检查。

用人单位和参加医疗保险的个人、定点医疗机构、定点零售药店发生违反本规定、骗取医疗保险基金行为的，由劳动保障行政部门将其记入医疗保险信用信息系统，实施重点监督检查。在重点监督检查期间可以采取必要的限制措施。

第五十六条 财政、审计部门依法负责对社会保险经办机构的医疗保险基金收支情况和管理情况进行监督。

第五十七条 社会保险监督委员会按照有关规定负责监督有关法律、法规和政策的执行情况以及医疗保险基金的管理情况。

第八章 法律责任

第五十八条 用人单位不按照规定缴纳基本医疗保险费或者大额医疗费用互助资金，致使基本医疗保险基金未能按照规定划入个人账户，职工和退休人员不能享受相关医疗保险待遇的，用人单位应当赔偿职工和退休人员由此造成的损失。

第五十九条 用人单位不按照规定缴纳基本医疗保险费或者不按照规定申报基本医疗保险缴费工资基数，致使基本医疗保险费漏缴、少缴，或者不按照规定代扣代缴基本医疗保险费的，由劳动保障行政部门责令限期缴纳；逾期仍不缴纳的，除补缴欠缴数额外，从欠缴之日起，按日加收2‰的滞纳金。

第六十条 用人单位不按照规定参加基本医疗保险和缴纳基本医疗保险费的，由劳动保障行政部门按照国务院《社会保险费征缴暂行条例》的规定进行处罚。

第六十一条 用人单位骗取医疗保险基金支出的，由社会保险经办机构追回被骗取的基金，并由劳动保障行政部门对该用人单位处骗取金额1倍以上3倍以下罚款；情节严重构成犯罪的，依法追究刑事责任。

第六十二条 参加医疗保险的个人弄虚作假骗取医疗保险待遇,或者转卖医疗保险基金报销的药品谋取不当利益,造成医疗保险基金损失的,由劳动保障行政部门责令退还,并对该个人处骗取医疗保险基金额1倍以上3倍以下罚款;情节严重构成犯罪的,依法追究刑事责任。

前款行为未造成医疗保险基金损失的,劳动保障行政部门可以对该个人处1 000元以下罚款。

第六十三条 定点医疗机构有下列行为之一,造成基本医疗保险基金损失的,应当赔偿损失,由劳动保障行政部门责令改正,可以并处5 000元以上2万元以下的罚款;情节严重的,取消基本医疗保险定点医疗机构资格:

(一)将未参加医疗保险人员的医疗费用由基本医疗保险统筹基金或者大额医疗费用互助资金支付的;

(二)将应由个人负担的医疗费用由基本医疗保险统筹基金或者大额医疗费用互助资金支付的;

(三)将非急诊、抢救病人的费用列入急诊、抢救项目支付的;

(四)将不符合住院标准的病人进行住院治疗,或者故意延长病人住院时间,或者挂名住院、作假病历的;

(五)挪用他人个人账户的;

(六)弄虚作假、调换药品的;

(七)采取其他手段骗取医疗保险金的。

有前款行为之一,但未造成医疗保险基金损失的,劳动保障行政部门可以对该定点医疗机构处5 000元以下罚款。

第六十四条 定点零售药店有下列行为之一的,由劳动保障行政部门处以1 000元以上2万元以下的罚款;情节严重的,取消其定点零售药店资格：

（一）不按照外配处方出售药品的；

（二）不按照外配处方剂量配药的；

（三）将外配处方用药换成其他物品的。

第六十五条 定点医疗机构、定点零售药店违反医疗、药品、物价等管理规定的，劳动保障行政部门应当提请有关部门处理；情节严重的，取消其定点资格。

第六十六条 社会保险经办机构的工作人员违反医疗保险规定，致使医疗保险基金损失的，由劳动保障行政部门责令其追回；情节严重的，依法给予行政处分。

第六十七条 社会保险经办机构的工作人员不履行职责、不按照规定支付医疗保险待遇的，由劳动保障行政部门对其进行批评，并责令其改正；造成严重后果的，依法给予行政处分。

第六十八条 劳动保障行政部门、社会保险经办机构的工作人员滥用职权、徇私舞弊、玩忽职守，造成医疗保险基金损失的，由劳动保障行政部门追回损失的医疗保险基金；构成犯罪的，依法追究刑事责任；尚未构成犯罪的，依法给予行政处分。

第六十九条 单位或者个人挪用医疗保险基金的，按照国务院《社会保险费征缴暂行条例》第二十八条的规定处理。

第九章 附 则

第七十条 离休人员、老红军、二等乙级以上革命伤残军人医疗待遇不变，医疗费用按原资金渠道解决。具体办法由市劳动保障行政部门会同有关部门制定，报市人民政府批准。

第七十一条 城镇个体工商户及其雇工参照本规定执行。

第七十二条 本规定自 2001 年 4 月 1 日起施行。

北京市大额医疗费用互助暂行办法

(2001年2月28日 京劳社医发[2001]18号)

第一条 为提高职工和退休人员的医疗保障水平,减轻个人负担,根据《北京市基本医疗保险规定》(2001年2月20日北京市人民政府第68号令),制定本办法。

第二条 本市参加基本医疗保险的用人单位及其职工和退休人员应当参加大额医疗费用互助。

实行国家公务员医疗补助办法的用人单位及其职工和退休人员不实行本办法。

第三条 大额医疗费用互助资金用于支付职工和退休人员的大额医疗费用。

大额医疗费用是指职工和退休人员在一个年度内累计超过一定数额的门诊、急诊医疗费用和超过基本医疗保险统筹基金最高支付限额(不含起付标准以下及个人负担的部分)的住院医疗费用以及恶性肿瘤放射治疗和化学治疗、肾透析、肾移植后服抗排异药的门诊医疗费用。

第四条 市劳动和社会保障局主管本市大额医疗费用互助工作,负责大额医疗费用互助工作的管理和监督检查。区、县劳动和社会保障局负责本辖区内大额医疗费用互助工作的具体管理和监督检查。

市医疗保险事务经办机构负责全市大额医疗费用互助资金的审核、结算工作;区、县医疗保险事务经办机构负责本辖区内大额医疗费用互助资金的审核、结算工作。区、县社会保险基金管理机构负责本辖区内大额医疗费用互助资金的收缴、支付工作。

第五条 大额医疗费用互助资金由用人单位及其职工和退休人员共同缴纳。大额医疗费用互助资金不足支付时，财政给予适当补贴。

第六条 用人单位按全部职工缴费工资基数之和的1‰缴纳大额医疗费用互助资金。

第七条 职工和退休人员个人按每月3元缴纳。

职工缴纳的大额医疗费用互助资金由用人单位从工资中代扣代缴；

参加本市基本养老保险的退休人员缴纳的大额医疗费用互助资金，可采取以下形式代扣代缴：

（一）用人单位从支付退休人员的非基本养老保险基金负担的费用中代扣代缴；

（二）用人单位委托银行和邮局从社会保险基金管理机构从委托银行和邮局代发的基本养老保险金中代扣后上缴；

（三）退休人员以现金形式按月向用人单位缴纳，用人单位代为上缴。

未参加本市基本养老保险的退休人员应缴纳的大额医疗费用互助资金，由所在单位从退休费中代扣代缴。

第八条 用人单位及其职工和退休人员共同缴纳的大额医疗费用互助资金，在每月缴纳基本医疗保险费时一并上缴社会保险基金管理机构。

大额医疗费用互助资金实行全市统筹，纳入社会保障基金财政专户管理，与基本医疗保险基金分别管理，分别核算。

第九条 大额医疗费用互助资金缴费比例和数额需要调整时，由市劳动和社会保障局会同市财政局提出，报市人民政府批准。

第十条 职工和退休人员符合本市基本医疗保险定点医疗管

理规定以及药品目录、诊疗项目目录、服务设施范围和支付标准的大额医疗费用，由大额医疗费用互助资金按比例支付。大额医疗费用互助资金设定年度最高支付数额。

第十一条　大额医疗费用互助资金按下列规定支付：

（一）职工在一个年度内门诊、急诊医疗费用累计超过2 000元的部分，大额医疗费用互助资金支付50%，个人负担50%。

（二）退休人员在一个年度内门诊、急诊医疗费用累计超过1 500元的部分，不满70周岁的退休人员，大额医疗费用互助资金支付60%，个人负担40%；70周岁以上的退休人员，大额医疗费用互助资金支付70%，个人负担30%。

（三）大额医疗费用互助资金在一个年度内累计支付职工和退休人员门诊、急诊大额医疗费用的最高数额为2万元。

（四）职工和退休人员在一个年度内累计超过基本医疗保险统筹基金最高支付限额（不含起付标准以下及个人负担的部分）的住院医疗费用以及恶性肿瘤放射治疗和化学治疗、肾透析、肾移植后服抗排异药的门诊医疗费用，大额医疗费用互助资金支付70%；个人负担30%。大额医疗费用互助资金在一个年度内累计支付上述医疗费用的最高数额为10万元。

第十二条　大额医疗费用互助资金的起付标准、支付比例和最高支付数额需要调整时，由市劳动和社会保障局会同市财政局提出，报市人民政府批准。

第十三条　职工和退休人员的门诊、急诊大额医疗费用先由个人支付，由用人单位汇总。用人单位每月1至20日到参保地的区、县医疗保险事务经办机构报销门诊、急诊大额医疗费用。

用人单位报销门诊、急诊大额医疗费用应持缴费证明，填写门诊、急诊大额医疗费用申报审批表，附职工和退休人员的门诊、急诊诊断证明、处方底方及医疗费收据等有关资料。

第十四条 区、县医疗保险事务经办机构收到用人单位门诊、急诊大额医疗费用申报审批表和有关材料后，在30个工作日内进行审查，对符合规定的医疗费用，通知区、县社会保险基金管理机构予以支付。

第十五条 职工和退休人员的住院大额医疗费用以及恶性肿瘤放射治疗和化学治疗、肾透析、肾移植后服抗排异药的门诊大额医疗费用，按规定应由个人负担部分，由个人与定点医疗机构直接结算；由大额医疗费用互助资金支付部分，先由个人支付，由用人单位汇总。用人单位每月1至20日到参保地的区、县医疗保险事务经办机构报销住院等大额医疗费用。

用人单位报销住院等大额医疗费用应持缴费证明，填写有关的申报审批表，附职工和退休人员的诊断证明、处方底方、大额医疗费用结算单及医疗费收据等有关资料。

第十六条 区、县医疗保险事务经办机构收到大额医疗费用申报审批表和有关材料后，进行初审，签署审核意见，报市医疗保险事务经办机构复审。对符合规定的，通知区、县医疗保险事务经办机构，由区、县社会保险基金管理机构支付其大额医疗费用。

用人单位收到社会保险基金管理机构支付的医疗费用后，应按支付数额及时发给有关职工和退休人员。

第十七条 用人单位及其职工和退休人员不按规定缴纳大额医疗费用互助资金的，大额医疗费用互助资金不予支付其大额医疗费用。

第十八条 职工和退休人员未经转诊到非本人的定点医疗机构（紧急抢救除外）或擅自赴外地医疗机构就医发生的大额医疗费用，大额医疗费用互助资金不予支付。

第十九条 本办法由市劳动和社会保障局负责解释。

第二十条　本办法自 2001 年 4 月 1 日起施行。

北京市个人委托存档人员参加基本医疗保险暂行办法

(2001 年 11 月 12 日　京劳社医发〔2001〕186 号)

第一条　为保障个人委托存档人员的基本医疗，根据《北京市基本医疗保险规定》(2001 年 2 月 20 日北京市人民政府第 68 号令，以下简称《规定》)和有关规定，结合我市实际，制定本办法。

第二条　本办法所称个人委托存档人员是指具有本市城镇户口、符合法定就业年龄、从事个体劳动或者自由职业的，在市、区（县）劳动保障部门开办的职业介绍服务中心（以下简称职介中心）、人事部门开办的人才交流服务中心（以下简称人才中心）以个人名义委托存档的人员（以下统称存档人员）。但不包括与用人单位建立劳动关系的存档人员。

第三条　存档人员应当按照本办法参加基本医疗保险，按时足额缴纳基本医疗保险费，享受本办法规定的基本医疗保险待遇。

第四条　经市社会保险经办机构委托的职介中心、人才中心可以为存档人员办理参加基本医疗保险有关手续。包括基本医疗保险信息采集，费用收缴，基本医疗保险手册发放及社会保险经办机构委托的其他事项。

享受社会保险补助的社区弹性就业人员，在户口所在街道（镇）劳动保障部门或者社会保障事务所办理参加基本医疗保险手续。

第五条 存档人员参加基本医疗保险，按上一年本市职工月平均工资的7%缴纳基本医疗保险费。

经劳动保障行政部门按照《关于大龄下岗职工保护性政策有关问题的通知》（京劳社就发［2001］117号）认定为大龄下岗职工的存档人员，在2004年底前以上一年本市职工月平均工资的70%为缴费基数缴纳基本医疗保险费。

存档人员中按照《关于鼓励失业人员在社区实现弹性就业有关问题的通知》（京劳社就发［2001］118号）规定，经劳动保障行政部门批准享受社会保险费补助的社区弹性就业人员，以上一年本市职工月平均工资的70%为基数缴纳基本医疗保险费。

上述人员缴纳的基本医疗保险费，占缴费基数6.5%的部分纳入基本医疗保险统筹基金，占缴费基数0.5%的部分纳入大额医疗费用互助资金。

存档人员不建基本医疗保险个人账户，在原用人单位已经参加基本医疗保险并建立个人账户的，个人账户予以保留，结余的存储额可以继续使用。

第六条 存档人员可以选择按月、按季、按半年或者按年缴纳基本医疗保险费。

第七条 存档人员按本办法参加基本医疗保险，符合本市基本医疗保险药品目录、诊疗项目目录以及服务设施范围和支付标准的以下医疗费用，纳入基本医疗保险报销范围：

（一）基本医疗保险统筹基金支付的住院医疗费用，大额医疗费用互助资金支付的在一个年度内累计超过基本医疗保险统筹基金最高支付限额的住院医疗费用；

（二）急诊抢救留观并收入住院治疗的，其住院前留观7日内的医疗费用；

（三）恶性肿瘤放射治疗和化学治疗、肾透析、肾移植后服抗排异药的门诊医疗费用。

第八条　存档人员在外埠发生的医疗费用，医疗保险基金不予支付。

第九条　已参加大病统筹的存档人员，在本办法实施之日正在住院治疗的，在规定的结算期内的医疗费用按《北京市个体劳动者、自由职业人员参加社会保险试行办法》（京劳险发［1999］8号）规定标准报销。

第十条　存档人员按本办法初次参加基本医疗保险，缴费180天后发生符合本办法规定范围的医疗费用，由基本医疗保险基金按照《规定》的标准予以支付。符合下列情况之一的，其医疗费用自缴费之月起由医疗保险基金支付：

（一）本办法实施后60天内参加基本医疗保险的；

（二）与用人单位解除劳动关系后60天内参加基本医疗保险的；

（三）失业人员在停止领取失业保险金后60天内进行就业登记并参加基本医疗保险的。

第十一条　存档人员参加基本医疗保险后应当连续足额缴纳基本医疗保险费。逾期90天未缴费的，视为缴费间断。间断后再次缴费，按本办法初次参加基本医疗保险享受待遇。

第十二条　参加大病统筹并已预缴大病统筹费的存档人员，本办法实施后发生的医疗费用，改按本办法规定的标准报销，已预缴的大病统筹费不退还并计算为基本医疗保险缴费年限。本办法实施后，可到存放档案的职介中心、人才中心办理参加基本医疗保险有关手续。

第十三条　本办法实施前存档人员基本医疗保险的视同缴费年限，按照《关于贯彻实施〈北京市基本医疗保险规定〉有关问题的处理办法》(京劳社医发〔2001〕19号)规定认定。其中：

（一）参加本市基本养老保险的存档人员，经劳动保障行政部门认定的连续工龄视同基本医疗保险缴费年限；基本养老保险实行个人缴费制度后，其实际缴纳基本养老保险费的年限视同基本医疗保险缴费年限；

（二）原在机关、事业单位工作的存档人员，由区县劳动保障行政部门按照国家连续工龄或工作年限的规定，核定基本医疗保险视同缴费年限。

存档人员基本医疗保险累计缴费年限，以存档人员在本办法实施后实际缴费年限与视同缴费年限合并计算。

第十四条　本办法实施后，存档人员按照国家规定办理了退休手续，按月领取基本养老金的，累计缴纳基本医疗保险费时间男满25年，女满20年的，按照《规定》每月缴纳3元大额医疗互助资金，享受用人单位退休人员相同的医疗待遇，建立个人账户，将大额医疗互助门诊费用纳入报销范围。

存档人员缴费年限不足上款规定的，以上一年本市职工月平均工资为缴费基数，按照7%足额补缴基本医疗保险费后，自次月起享受退休人员基本医疗保险待遇。

第十五条　本办法实施后，参加基本医疗保险的存档人员办理了退休手续，基本医疗保险关系应当转往户口所在街道（镇）劳动保障部门或社会保障事务所管理。

第十六条　本办法实施前存档人员参加大病统筹办理了退休手续并按月领取基本养老金的，大病统筹缴费间断的，可以按照《北京市个体劳动者、自由职业人员参加社会保险试行办法》(京劳险发〔1999〕8号)补缴，足额补缴后，间断缴费期间发生的大病医疗费用按照该办法规定报销，补缴年限计入基本医疗保险累计缴费年限。

第十七条　本办法实施前，存档人员中在职介中心、人才中心办理退休手续且按月领取基本养老金的人员，以及按照《国务院关于工人退休、退职的暂行办法》（国发［1978］104号）规定办理退职手续且按月领取退职生活费的退职人员，符合下列情况的，在户口所在街道（镇）劳动保障部门或社会保障事务所办理参加基本医疗保险手续：

（一）2001年4月1日前退休、退职的；

（二）2001年3月31日后退休、退职，基本医疗保险累计缴费年限男满25年、女满20年的。

第十八条　失业后在街道（镇）劳动保障部门办理退休手续且按月领取基本养老金的退休人员，以及按照《国务院关于工人退休、退职的暂行办法》（国发［1978］104号）规定办理退职手续且按月领取退职生活费的退职人员，符合第十七条第（一）项或者第（二）项规定之一的，可以在户口所在街道（镇）劳动保障部门或者社会保障事务所办理参加基本医疗保险手续。

第十九条　存档人员按照本办法参加基本医疗保险的其他事项，按照《规定》的有关规定执行。

第二十条　本办法自2002年3月1日起执行。

北京市外地农民工参加基本医疗保险暂行办法

（2004年8月12日　京劳社办发［2004］101号）

第一条　为妥善解决外地农民工在本市务工期间医疗保险问

题，根据《关于做好农民进城务工就业管理和服务工作的通知》（国办发［2003］1号）和《关于推进混合所有制企业和非公有制经济组织从业人员参加医疗保险的意见》（劳社厅发［2004］5号）及《北京市基本医疗保险规定》（市政府2001年第68号令，2003年第141号令修改，以下简称《规定》），制定本办法。

第二条 本办法适用于本市行政区域内的城镇所有用人单位，包括企业、机关、事业单位、社会团体、民办非企业单位（以下简称用人单位）和与之形成劳动关系的外地农民工。

本办法所称外地农民工，是指在国家规定的劳动年龄内，具有外省市农业户口，有劳动能力并与本市城镇用人单位形成劳动关系的人员。

第三条 用人单位招用外地农民工，应当到所在区、县的社会保险经办机构为其办理参加基本医疗保险手续。

第四条 外地农民工参加本市基本医疗保险，由用人单位缴纳基本医疗保险费，外地农民工个人不缴费。

用人单位以上一年本市职工月平均工资60%为基数、按2%的比例按月缴纳基本医疗保险费，其中1.8%划入基本医疗保险统筹基金，0.2%划入大额医疗互助资金。按本办法缴费，外地农民工不建个人账户，不计缴费年限，缴费当期享受相关待遇。

第五条 按本办法参加基本医疗保险，符合本市基本医疗保险药品目录、诊疗项目目录以及服务设施范围和支付标准的下列医疗费用，纳入基本医疗保险统筹基金和大额医疗互助资金支付范围：

（一）住院治疗的医疗费用；

（二）急诊抢救留观并收入住院治疗的，其住院前留观7日内的医疗费用；

（三）恶性肿瘤放射治疗和化学治疗、肾透析、肾移植后服抗排异药的门诊医疗费用。

第六条 基本医疗保险统筹基金和大额医疗互助资金不予支付下列费用：

（一）在非本人定点医疗机构就诊的，但急诊除外；

（二）因交通事故、医疗事故或者其他责任事故造成伤害的；

（三）因本人吸毒、打架斗殴或者因其他违法行为造成伤害的；

（四）因自杀、自残、酗酒等原因进行治疗的；

（五）在外埠发生的医疗费用；

（六）按照国家和本市规定应当由个人自付的。

第七条 符合本办法第五条规定的医疗费用，在一个结算期内的，按照分段计算、累加支付的办法由基本医疗保险统筹基金和外地农民工按照以下比例分担：

（一）在三级医院发生的医疗费用：

1. 起付标准至1万元的部分，统筹基金支付80%，外地农民工支付20%；

2. 超过1万元至3万元的部分，统筹基金支付85%，外地农民工支付15%；

3. 超过3万元至4万元的部分，统筹基金支付90%，外地农民工支付10%；

4. 超过4万元的部分，统筹基金支付95%，外地农民工支付5%。

（二）在二级医院发生的医疗费用：

1. 起付标准至1万元的部分，统筹基金支付82%，外地农民工支付18%；

2. 超过1万元至3万元的部分，统筹基金支付87%，外地农民工支付13%；

3. 超过 3 万元至 4 万元的部分，统筹基金支付 92%，外地农民工支付 8%；

4. 超过 4 万元的部分，统筹基金支付 97%，外地农民工支付 3%。

（三）在一级医院发生的医疗费用：

1. 起付标准至 1 万元的部分，统筹基金支付 85%，外地农民工支付 15%；

2. 超过 1 万元至 3 万元的部分，统筹基金支付 90%，外地农民工支付 10%；

3. 超过 3 万元至 4 万元的部分，统筹基金支付 95%，外地农民工支付 5%；

4. 超过 4 万元的部分，统筹基金支付 97%，外地农民工支付 3%。

（四）基本医疗保险统筹基金支付的起付标准为 1 300 元，一个年度内第二个及以后每个结算期起付标准为 650 元。

（五）基本医疗保险统筹基金一个年度累计支付的最高数额为 5 万元。

第八条 符合本办法第五条规定的医疗费用，且在一个年度内超过基本医疗保险统筹基金最高支付限额的，大额医疗费用互助资金支付 70%，个人支付 30%，但大额医疗费用互助资金在一个年度内累计支付最高数额为 10 万元。

第九条 一次住院治疗不超过 90 天的为一个医疗费用结算期；超过 90 天的，每 90 天为一个结算期，结算后的时间视为第二次住院，超过 180 天的视为第三次住院，超过 270 天的视为第四次住院。

第二个结算期及以后的每个结算期的费用，与前几个结算期的费用，不连续累加计算。

第十条　外地农民工就医,可以选择四家本市基本医疗保险定点医疗机构作为本人就医的定点医疗机构,另外还可以直接到本市定点中医医疗机构和定点专科医疗机构就医。

外地农民工就医时,应当主动出示《北京市医疗保险手册》。住院医疗费和恶性肿瘤放射治疗和化学治疗、肾透析、肾移植后服抗排异药的门诊医疗费,其中属于基本医疗保险统筹基金支付的,由社会保险经办机构与定点医疗机构结算,属于自付和自费的,由个人与定点医疗机构结算。

第十一条　用人单位未按规定为外地农民工办理参加基本医疗保险手续以及没有按时足额缴费,外地农民工发生的医疗费用由用人单位按照本规定支付标准支付。

第十二条　用人单位未按规定为外地农民工办理参加基本医疗保险手续缴纳基本医疗保险费的,外地农民工可以向用人单位所在区、县或者市劳动保障行政部门劳动监察机构举报。

用人单位未按规定为外地农民工缴纳基本医疗保险费,致使外地农民工不能享受相应待遇,外地农民工与用人单位因此发生的争议,可以向用人单位所在区县劳动争议仲裁委员会申请仲裁。

第十三条　用人单位在本办法实施前已按《规定》为外地农民工办理参加基本医疗保险手续,缴纳基本医疗保险费的,本办法实施后可继续按《规定》执行。

用人单位在本办法实施后要求按照《规定》为外地农民工办理参加基本医疗保险手续,缴纳基本医疗保险费的,区、县社会保险经办机构应当予以办理。

第十四条　在外地注册的用人单位,未在注册地参加医疗保险,在本市从事生产经营活动期间应当按照本办法执行。

第十五条　用人单位使用外地农民工的,应当按本规定在招用外地农民工 30 日内,到所在区县社会保险经办机构,为外地农民工办理参加基本医疗保险手续。

外地注册的用人单位在本市从事生产经营活动的,单位应当在来本市 30 日内,到所在区县社会保险经办机构,办理单位在外地参加医疗保险缴费的备案手续。

第十六条 外地农民工参加基本医疗保险的其他事项,按照《规定》及有关规定执行。

第十七条 本市城镇个体工商户雇用的外地农民工参照本办法执行。

第十八条 本办法自 2004 年 9 月 1 日起执行。

北京市劳动和社会保障局关于加强北京市基本医疗保险门(急)诊医疗费用管理工作的通知

(2007 年 3 月 26 日 京劳社医保发〔2007〕51 号)

各区、县劳动保障局,各参保单位、街道(镇)社会保障事务所,各定点医疗机构:

为进一步加强北京市基本医疗保险费用管理,准确掌握医疗保险费用支出情况,提高审核结算工作效率,缩短医疗费用报销周期,经研究决定,对门(急)诊就医及医疗费用的管理模式进行改革,现就有关工作通知如下:

一、自 2007 年 7 月 1 日起,参保人员到基本医疗保险定点医疗机构就医时,必须出示《北京市医疗保险手册》(以下简称

《手册》,《手册》封皮背面中间位置贴有参保人员基本信息的条形码。定点医疗机构确认参保人员身份后,按规定提供处方及票据。

二、定点医疗机构对参保人员在本院发生的医疗费用明细信息通过医疗保险信息系统上传。

三、区、县医疗保险经办机构根据定点医疗机构上传后的医疗费用明细信息,对照参保人员申报的医疗费用单据进行审核、结算。

四、为确保各项工作的顺利进行,应做好以下几项工作:

(一)各参保单位、街道(镇)社会保障事务所要做好门(急)诊就医实名制的宣传工作,准确发放条形码,同时指导参保人员将条形码正确粘贴在本人《手册》上。同时,对于参保人员申报的门(急)诊医疗费用要做好汇总、录入(扫描)工作,及时向各区、县医疗保险经办机构申报。

(二)各定点医疗机构要高度重视此项工作,做好对就诊参保人员的政策宣传、解释,并按时做好信息系统接口改造、基本医疗保险药品、诊疗项目及服务设施目录的对照等准备工作。同时在参保人员就诊时认真核对《手册》、准确采集个人信息,保证上传数据准确。

(三)各区、县医疗保险管理部门要按照全市统一部署,认真落实、指导辖区内定点医疗机构做好门(急)诊费用上传工作。要设专人了解辖区内的定点医疗机构门(急)诊费用信息上传情况,收集、反馈工作中存在的问题。同时,要及时调整门(急)诊费用信息上传后的审核结算工作流程,确保医疗费用及时、准确结算、支付。

北京市劳动和社会保障局　北京市卫生局关于进一步促进社区卫生服务发展引导职工和退休人员到社区就医有关问题的通知

(2007年3月31日　京劳社医发〔2007〕52号)

各区县劳动保障局、卫生局，各定点医疗机构：

为进一步贯彻《国务院关于发展城市社区卫生服务的指导意见》（国发〔2006〕10号）和《中共北京市委、北京市人民政府关于加快发展社区卫生服务的意见》（京发〔2006〕19号），进一步促进社区卫生服务发展，引导职工和退休人员到社区就医，缓解群众看病难、看病贵问题，现就有关问题通知如下：

一、各区县劳动保障部门和卫生部门要密切配合，对社区卫生服务机构定点资格和项目变更的审核工作，要简化程序、提高效率。区县劳动保障部门在接到新成立的社区卫生服务机构提出的定点资格申请后，要及时进行初审和材料上报，市劳动保障局对符合条件的要及时进行审批并公布。

区县劳动保障局在接到定点社区卫生服务机构提出的机构名称或地址等项目变更申请后，要及时向市劳动保障局上报材料，市劳动保障局对符合条件的要及时进行审批。

二、享受公费医疗的离退休人员，除按现有规定可在单位的合同医院和个人就近选择的一家定点医疗机构就医外，还可在居住地就近再选择一家基本医疗保险定点社区卫生服务中心（站）为个人就医的定点医疗机构。

三、参加基本医疗保险的退休人员个人选择的定点社区卫生服务机构需要调整时，退休人员可及时通过单位到区县医疗保险经办机构办理变更手续，也可就近通过居住地街道（乡镇）的社会保障事务所办理变更手续。

参加医疗费用社会统筹的离休干部个人选择的定点社区卫生服务机构需要调整时，可及时通过单位到区县医疗保险经办机构办理变更手续。

四、参加基本医疗保险的用人单位职工，在定点社区卫生服务机构发生的符合基本医疗保险报销规定的门诊医疗费用，大额医疗互助资金报销比例由50%上调为60%，职工在定点社区卫生服务机构发生的门诊医疗费用，在医疗保险结算信息系统完成调整前，先由职工留存，于次年1月20日至2月15日前单独申报。

五、参加基本医疗保险的职工和退休人员在本人选择的定点社区卫生服务机构就医，当病情需要向建立对口支援双向转诊关系的上级定点医疗机构或老年病定点医疗机构（名单见附件）转诊转院时，社区卫生服务机构可直接办理相关手续；职工和退休人员在对口支援双向转诊关系的上级定点医疗机构或老年病定点医疗机构就医后，病情好转需转回定点社区卫生服务机构继续治疗时，上级定点医疗机构或老年病定点医疗机构也可直接办理转回的相关手续。

六、参加基本医疗保险的职工和退休人员在定点社区卫生服务机构建立的治疗性家庭病床，发生的符合基本医疗保险报销规定的费用纳入统筹基金支付范围，统筹基金起付标准按普通住院标准的50%确定。职工和退休人员由家庭病床转往与本单位建立双向转诊关系的上级定点医疗机构住院，或经上级定点医疗机构住院治疗、病情好转需转回定点社区卫生服务机构继续连续治疗、且在出院后 24 小时内建立的家庭病床，医疗费用按连续住院并转院治疗处理。

七、市发改委《关于公布血清骨型碱性磷酸酶质量测定等新增医疗服务价格项目的通知》（京发改〔2007〕243 号）新增的"慢性病干预治疗"（通过能量监测，对饮食运动进行量化干预管理治疗）服务项目纳入基本医疗保险诊疗项目报销范围，具体限制报销条件为：退休人员在经批准的定点社区卫生服务机构参加慢性病干预治疗（限治疗慢性高血压、糖尿病），且与定点社区卫生服务机构签订管理协议并完成连续三个月一疗程治疗的，按每人 100 元的标准纳入基本医疗保险诊疗项目报销范围，每年限定报销一次。

八、在承担基本医疗保险门诊医疗费用直接报销工作的定点社区卫生服务机构，参加基本医疗保险的职工和退休人员参加慢性病费用控制管理，或参加基本医疗保险的退休人员参加慢性病干预治疗，且与定点社区卫生服务机构签订管理协议的，治疗高血压、糖尿病、冠心病、脑卒中使用的基本医疗保险报销范围内限定的乙类药品，取消个人先行负担的 10% 费用。

九、为满足社区卫生服务机构治疗常见病、多发病、慢性病需要，《北京市基本医疗保险社区用药目录》在征求专家意见后进行适度调整，以满足职工和退休人员就近就医需要。

十、进一步规范社区卫生服务机构的医疗行为，社区卫生服务机构要做好门诊病人的就医登记，使用社区统一的处方和有社区标识的收费凭证，社区卫生服务站出具的收费凭证要盖有标有本站名称的印章，社区卫生服务机构与建立双向转诊关系的上级定点医疗机构的化验单据、功能检查结果等检查数据要实行共享。

十一、本通知自 2007 年 5 月 1 日起执行。

附件：北京市基本医疗保险老年病定点医疗机构名单（略）

关于建立北京市城镇无医疗保障老年人和学生儿童大病医疗保险制度的实施意见

（2007年6月7日 京政发〔2007〕11号）

为保障本市广大城镇居民的基本医疗权益，妥善解决城镇居民中无医疗保障老年人和学生儿童的医疗保障问题，按照党的十六届六中全会《关于构建社会主义和谐社会若干重大问题的决定》精神和市委九届十二次全会《关于构建社会主义和谐社会首善之区的意见》提出的"建立以大病统筹为主的城镇居民医疗保险体系"要求，现就建立本市城镇无医疗保障老年人和学生儿童大病医疗保险制度，提出如下实施意见：

一、工作原则

建立城镇无医疗保障老年人和学生儿童大病医疗保险制度，应坚持筹资水平、保障标准与经济发展水平和各方面承受能力相适应的原则；坚持个人参保缴费、政府适当补助、互助共济、多方筹资的原则；坚持以收定支、确保基金合理支出的原则；坚持以大病统筹为主、保障城镇居民大病医疗需求的原则；坚持政府组织、属地管理、部门配合、齐抓共管的原则；坚持统筹安排，促进各类医疗保障制度相互衔接、共同发展的原则。

二、参保范围

（一）凡具有本市非农业户籍未纳入城镇职工基本医疗保险范围，且年满60周岁的居民，应当参加城镇无医疗保障老年人大病医疗保险。

具有本市非农业户籍未纳入城镇职工基本医疗保险范围,且女年满50周岁的居民,可参照本实施意见参加城镇无医疗保障老年人大病医疗保险。

(二)凡具有本市非农业户籍,且在本市行政区域内的各类普通高等院校(全日制学历教育)、普通中小学校、中等职业学校(包括中等专业学校、技工学校、职业高中)、特殊教育学校、工读学校(以下统称各类学校)就读的在册学生,以及非在校少年儿童(包括托幼机构的儿童、散居婴幼儿和其他年龄在16周岁以下非在校少年儿童),应当参加学生儿童大病医疗保险。

三、缴费标准和基金管理

(一)城镇无医疗保障老年人大病医疗保险基金由财政补助资金、个人缴纳医疗保险费和社会捐助及其他渠道筹集的资金组成。

城镇无医疗保障老年人大病医疗保险筹资标准为每人每年1 400元,其中个人缴纳300元、财政补助1 100元。

(二)学生儿童大病医疗保险基金由财政补助资金、个人缴纳医疗保险费和社会捐助及其他渠道筹集的资金组成。

学生儿童大病医疗保险筹资标准为每人每年(按学年)100元,其中个人缴纳50元、财政补助50元。

(三)享受本市城市居民最低生活保障和生活困难补助待遇的城镇无医疗保障老年人、学生儿童,以及参照《北京市城市特困人员医疗救助暂行办法》享受医疗待遇的退养人员和退离居委会老积极分子,个人缴费由所在区县财政给予全额补助。

(四)城镇无医疗保障老年人和学生儿童大病医疗保险财政补助资金列入财政预算,由财政按实际参保缴费人数拨付,补助资金由市和区县财政各负担50%。

城镇无医疗保障老年人大病医疗保险基金和学生儿童大病医疗保险基金实行单独核算、全市统筹。个人缴费和财政补助资金纳入社会保险基金财政专户,实行收支两条线管理,单独建账,专款专用。按照社会保险基金管理有关规定,建立健全财务制度,加强基金管理和监督,保证大病医疗保险基金安全。

四、缴费方式

(一)城镇无医疗保障老年人大病医疗保险年度为每年1月1日至12月31日。

街道(乡镇)社会保障事务所负责本辖区内城镇无医疗保障老年人参加大病医疗保险的参保服务工作。符合条件的城镇无医疗保障老年人,可由本人或家属向户籍所在地的街道(乡镇)社会保障事务所提出申请,办理参保缴费手续。

城镇无医疗保障老年人应于每年9月1日至11月30日按缴费标准一次性缴纳大病医疗保险费,自次年的1月1日起享受大病医疗保险待遇。

(二)学生儿童大病医疗保险年度为每年9月1日至次年8月31日。

各类学校和托幼机构负责本单位在册学生和儿童大病医疗保险的参保缴费工作。符合条件的在校学生和托幼机构的儿童应于每年7月1日至9月30日按缴费标准一次性缴纳大病医疗保险费。

街道(乡镇)社会保障事务所负责本辖区内非在校少年儿童(除托幼机构的儿童外)参加大病医疗保险的参保服务工作。符合条件的非在校少年儿童(除托幼机构的儿童外)可由家长向户籍所在地的街道(乡镇)社会保障事务所提出申请,办理参保缴费手续,应于每年6月1日至8月31日按缴费标准一次性缴纳大病医疗保险费。

学生儿童自缴费当年的9月1日起享受大病医疗保险待遇。

五、保障待遇

（一）城镇无医疗保障老年人大病医疗保险主要用于支付住院医疗费用，以及恶性肿瘤放射治疗和化学治疗、肾透析、肾移植后服抗排异药的门诊医疗费用。

城镇无医疗保障老年人大病医疗保险基金的起付标准为1 300元。起付标准以上部分由城镇无医疗保障老年人大病医疗保险基金支付60%，在一个医疗保险年度内累计支付的最高数额为7万元。

（二）学生儿童大病医疗保险主要用于支付住院医疗费用，以及恶性肿瘤放射治疗和化学治疗、肾透析、肾移植后服抗排异药、血友病、再生障碍性贫血的门诊医疗费用。

学生儿童大病医疗保险基金的起付标准为650元。起付标准以上部分由学生儿童大病医疗保险基金支付70%，在一个医疗保险年度内累计支付的最高数额为17万元。

（三）城镇无医疗保障老年人和学生儿童大病医疗保险基金的支付范围，应符合本市规定的基本医疗保险药品目录、诊疗项目目录、医疗服务设施范围及基本医疗保险相关规定。

六、就医管理

参保人员按照"就近就医"原则，可在全市定点医疗机构范围内就近选择3所医院作为本人的定点医疗机构，并可在全市定点医疗机构中的中医医院、专科医院直接就医。

参保人员须持社会保险经办机构核发的《北京市城镇无医疗保障老年人大病医疗保险手册》和《北京市学生儿童大病医疗保险手册》就医。

参保人员的医疗费用审核结算参照基本医疗保险结算办法执行。按规定应由大病医疗保险基金支付的医疗费用，由定点医疗机构与社会保险经办机构进行结算。

七、组织管理

各区、县政府负责做好有关政策宣传工作，组织和动员城镇无医疗保障老年人和学生儿童参加大病医疗保险，对学校、托幼机构和街道（乡镇）社会保障事务所组织参保工作进行监督检查，并对街道（乡镇）社会保障事务所的人员编制和经费予以保障。

市劳动保障局负责全市城镇无医疗保障老年人和学生儿童大病医疗保险的组织实施和监督管理工作，各区、县劳动保障局负责本行政区域内的管理和监督检查工作，市及区县社会保险经办机构负责具体经办工作。

本市发展改革、财政、卫生、民政、教育、药品监督等有关部门，要根据各自的职责，协同配合，确保城镇无医疗保障老年人和学生儿童大病医疗保险制度顺利实施。

八、制度衔接

（一）普通高等院校在校学生中享受公费医疗的，在未进行公费医疗制度改革前，暂继续执行公费医疗制度，待遇标准不变。

（二）具有本市农业户籍且在各类学校就读的在册学生，可以自愿选择参加学生儿童大病医疗保险。

（三）学生儿童参加大病医疗保险的缴费年限不计入城镇职工基本医疗保险缴费年限。在结算年度内就业并参加城镇职工基本医疗保险的，应享受城镇职工基本医疗保险待遇，不再享受学生儿童大病医疗保险待遇。

九、其他事项

（一）学生儿童大病医疗保险自2007年9月1日起实施，城镇无医疗保障老年人大病医疗保险自2007年10月1日起实施。

（二）城镇无医疗保障老年人和学生儿童大病医疗保险的筹资标准和待遇标准需要调整时，由市劳动保障局会同市财政局提出，报经市政府批准后，由市劳动保障局发布。

（三）本实施意见由市劳动保障局负责具体组织实施，并协调解决遇到的问题。具体实施办法由市劳动保障局会同有关部门另行制定。

北京市劳动和社会保障局关于下发《关于实施本市城镇无医疗保障老年人大病医疗保险制度的具体办法》和《关于实施本市学生儿童大病医疗保险制度的具体办法》的通知

（2007年6月12日　京劳社医发〔2007〕95号）

各区县劳动保障局，各定点医疗机构：

为保证本市城镇无医疗保障老年人和学生儿童大病医疗保险制度的顺利实施，根据《关于建立北京市城镇无医疗保障老年人和学生儿童大病医疗保险制度的实施意见》（京政发〔2007〕11号），我们制定了《关于实施本市城镇无医疗保障老年人大病医疗保险制度的具体办法》和《关于实施本市学生儿童大病医疗保险制度的具体办法》，现印发给你们，请认真遵照执行。

附件：1. 关于实施本市城镇无医疗保障老年人大病医疗保险制度的具体办法

2. 关于实施本市学生儿童大病医疗保险制度的具体办法

附件 1：
关于实施本市城镇无医疗保障老年人大病医疗保险制度的具体办法

第一条 为保证本市城镇无医疗保障老年人（以下简称"城镇老年人"）大病医疗保险制度的顺利实施，根据《关于建立北京市城镇无医疗保障老年人和学生儿童大病医疗保险制度的实施意见》（京政发［2007］11 号），参照本市基本医疗保险有关规定，制定本办法。

第二条 参加本市城镇老年人大病医疗保险的人员范围包括：

（一）具有本市非农业户籍未纳入城镇职工基本医疗保险范围，且年满 60 周岁的居民和女年满 50 周岁的居民；

（二）享受本市城市居民最低生活保障的城镇老年人；

（三）享受本市城市居民生活困难补助待遇的城镇老年人；

（四）参照本市城市特困人员医疗救助办法享受医疗待遇的退养人员；

（五）参照本市城市特困人员医疗救助办法享受医疗待遇的退离居委会老积极分子。

以上人员统称"参保人员"。

第三条 参保人员于每年 9 月 1 日至 11 月 30 日持本人户口簿到户籍所在地街道（乡镇）社会保障事务所（以下简称"社保所"）办理城镇老年人大病医疗保险参保缴费手续，按缴费标准一次性缴纳次年的大病医疗保险费。

第四条 当年符合参保条件的人员，自达到参保年龄之日起 90 日内持本人户口簿到户籍所在地社保所办理城镇老年人大病医疗保险参保缴费手续，按缴费标准一次性缴纳当年的医疗保险费。自参保缴费的次月起享受城镇老年人大病医疗保险待遇,享受待遇时间至当年的12月31日。

第五条 符合本办法第二条第(二)、(三)、(四)、(五)项规定的参保人员,免缴个人应缴纳的大病医疗保险费。上述参保人员到本人户籍所在地社保所办理参保缴费手续时,除持本人户口簿外,还应当分别提交下列相关证件:

(一)享受本市城市居民最低生活保障的人员提交《北京市城市居民最低生活保障金领取证》;

(二)享受本市城市居民生活困难补助待遇的人员提交《北京市城市居民生活困难补助金领取证》;

(三)参照本市城市特困人员医疗救助办法享受医疗待遇的退养人员提交《北京市退养人员就医手册》;

(四)参照本市城市特困人员医疗救助办法享受医疗待遇的退离居委会老积极分子提交《北京市退离居委会老积极分子就医证》。

第六条 城镇老年人大病医疗保险以每年1月1日至12月31日为大病医疗保险年度。

第七条 参保人员可以现金或银行代扣形式缴纳城镇老年人大病医疗保险费。参保人员办理参保缴费手续后,选择定点医疗机构,领取《北京市城镇老年人大病医疗保险手册》。参保人员超过办理参保缴费期限的,不再办理次年或当年的参保缴费手续。

第八条 参保人员已缴纳次年医疗保险费,在当年12月31日前死亡的,由其家属持医疗机构或公安部门开具的死亡证明到参保人员户籍所在地社保所办理退费手续。

第九条 参保人员发生以下符合本市基本医疗保险药品目录、诊疗项目目录、医疗服务设施范围的医疗费用,由城镇老年人大病医疗保险基金按规定支付：

（一）住院的医疗费用；

（二）恶性肿瘤放射治疗和化学治疗、肾透析、肾移植（包括肝肾联合移植）后服抗排异药（以下简称"特殊病种"）的门诊医疗费用；

（三）急诊抢救留观并收住入院治疗的，其住院前留观7日内的医疗费用；

（四）急诊抢救留观死亡的，其死亡前留观7日内的医疗费用。

第十条 城镇老年人大病医疗保险基金不予支付下列医疗费用：

（一）在非本人定点医疗机构就医的，但急诊住院的除外；

（二）因交通事故、医疗事故或者其他责任事故造成伤害的；

（三）因本人吸毒、打架斗殴或因其他违法行为造成伤害的；

（四）因自杀、自残、酗酒等原因进行治疗的；

（五）在国外或者香港、澳门特别行政区以及台湾地区治疗的；

（六）按照国家和本市规定应当由个人负担的。

第十一条 城镇老年人大病医疗保险基金在一个医疗保险年度内，第一次住院的起付标准为1 300元；第二次及以后住院的起付标准均为650元。

第十二条 参保人员发生的医疗费用，起付标准以上部分由个人和城镇老年人大病医疗保险基金按比例分担。其中：城镇老年人大病医疗保险基金支付60%，个人负担40%。在一个医疗保险年度内，城镇老年人大病医疗保险基金累计支付的最高限额为7万元。

第十三条 参保人员住院治疗以90天为一个结算期。不超过 90 天按实际住院天数结算；超过 90 天的，按每 90 天为一个结算期结算，结算后视为第二次住院。

第十四条　参保人员进行特殊病种门诊治疗的，按每个医疗保险年度为一个结算期。当年办理特殊病种审批的，自审批之日至本医疗保险年度截止日为一个结算期。

第十五条　参保人员患精神病需长期住院治疗的，自因精神病住院之日至本医疗保险年度截止日为一个结算期。

第十六条　连续缴纳次年城镇老年人大病医疗保险费的参保人员，跨医疗保险年度住院的，本次结算期的医疗费用按医疗保险年度分别计算。12 月 31 日前发生的医疗费用与当年支付的医疗费累加计算；次年 1 月 1 日起发生的医疗费用与次年支付的医疗费累加计算。城镇老年人大病医疗保险基金支付的最高限额按当年和次年分别计算。

参保人员在一个结算期内发生的医疗费用，支付一个起付标准。次年再次住院或进入下一个结算期的，按第一次住院支付起付标准。

第十七条　未连续缴纳次年城镇老年人大病医疗保险费的参保人员，跨医疗保险年度住院的，城镇老年人大病医疗保险基金支付当年 12 月 31 日前的医疗费用，不再支付次年 1 月 1 日以后发生的医疗费用。

第十八条　参保人员除在本人选择的 3 家定点医疗机构和定点医疗机构中的专科、中医医院就医外，还可直接到本市定点医疗机构中的 A 类医院就医。

参保人员需要变更定点医疗机构的，于每年的 9 月 1 日至 11 月 30 日办理变更手续。

第十九条　参保人员患病时须持本人《北京市城镇老年人大病医疗保险手册》到选定的定点医疗机构就医。定点医疗机构应当对参保人员所持的就医手册进行查验。

第二十条 参保人员因急症不能到本人选定的定点医疗机构就医时，可在就近的定点医疗机构急诊住院治疗，待病情稳定后应及时转回本人的定点医疗机构住院治疗。

第二十一条 参保人员住院期间因病情需要市内转院治疗的，需由定点医疗机构副主任医师以上人员提出意见，经医疗保险办公室批准后，可办理转院手续。转院后发生的医疗费用与转院前发生的医疗费用累计计算。

第二十二条 参保人员住院治疗或进行特殊病种门诊治疗的，就医时由个人先交付预交金，发生的医疗费用由定点医疗机构记账。结算时，按规定应由城镇老年人大病医疗保险基金支付部分，由定点医疗机构与社会保险经办机构进行结算，其余医疗费用由个人与定点医疗机构进行结算。

第二十三条 参保人员急诊抢救留观并收住入院治疗及急诊抢救留观死亡的，住院或死亡前留观7日内的医疗费用先由本人或家属现金垫付，结算时持相关证明及医疗费用单据到本人户籍所在地社保所办理报销。

第二十四条 参保人员进行特殊病种门诊治疗的，应持诊断证明到本人户籍所在地社会保险经办机构办理特殊病种审批手续，在确定的本人特殊病种定点医疗机构发生的特殊病种门诊医疗费用，由城镇老年人大病医疗保险基金按规定支付。

第二十五条 参保人员在外埠县级以上定点医疗机构急诊住院发生符合本市大病医疗保险支付范围的医疗费用，到本人户籍所在地社保所办理报销。

第二十六条 参保人员在外埠居住一年以上的，在本人户籍所在地社保所办理异地就医登记手续。可选择居住地2家县级以上定点医疗机构和本市1家定点医疗机构就医。医疗待遇按照本市城镇老年人大病医疗保险支付范围的规定执行。其发生的医疗费用到本人户籍所在地社保所办理报销。

第二十七条 参保人员参保缴费前已住院或进行特殊病种门诊治疗的，应将参保前的医疗费用结清，参保后的医疗费用由城镇老年人大病医疗保险基金按规定支付。

第二十八条 享受城市居民最低生活保障和享受城市居民生活困难补助待遇的城镇老年人，在享受城镇老年人大病医疗保险待遇后，符合城市特困人员医疗救助条件的，还可向民政部门继续申请城市特困人员医疗救助。

参照城市特困人员医疗救助办法享受医疗待遇的退养人员、退离居委会老积极分子，在享受城镇老年人大病医疗保险待遇后，还可经原渠道继续按规定享受医疗待遇。

第二十九条 城镇老年人大病医疗保险不建立个人账户。

第三十条 2007年12月31日前符合参保条件的城镇老年人，于2007年9月30日前办理参保手续，按缴费标准一次性缴纳2008年的大病医疗保险费，自2007年10月1日起享受城镇老年人大病医疗保险待遇。2007年10月1日至2008年12月31日视同为一个医疗保险年度。

第三十一条 在外埠办理退休手续并享受当地城镇职工医疗保险待遇且回京取得本市非农业户籍的人员、按照本市征地农转非规定办理农转非手续并由民政部门管理的超转人员，不纳入本市城镇老年人大病医疗保险参保范围。

第三十二条 本办法未予明确事项，参照《北京市基本医疗保险规定》及有关办法执行。

第三十三条 本办法自2007年10月1日起施行。

附件2：
关于实施本市学生儿童大病医疗保险制度的具体办法

第一条 为保证本市学生儿童大病医疗保险制度的顺利实施，根据《关于建立北京市城镇无医疗保障老年人和学生儿童大病医疗保险制度的实施意见》（京政发〔2007〕11号），参照本市基本医疗保险有关规定，制定本办法。

第二条 参加本市学生儿童大病医疗保险的人员范围包括：

（一）具有本市非农业户籍且在本市行政区域内的小学、初中、高中、中等专业学校、技工学校、中等职业技术学校、特殊学校、工读学校和各类普通高等院校（全日制学历教育）就读的在册学生；

（二）具有本市非农业户籍，参保缴费当年8月31日前年龄在16周岁以下非在校少年儿童、托幼机构儿童和散居婴幼儿（不含出生28天以内的新生儿）。

以上人员统称"参保人员"。

第三条 在学校和托幼机构的参保人员，于每年7月1日至9月30日持本人的户口簿，在学校和托幼机构办理学生儿童大病医疗保险参保缴费手续，按缴费标准一次性缴纳大病医疗保险费；年龄在16周岁以下非在校少年儿童和散居婴幼儿于每年6月1日至8月31日由其家长持参保人员户口簿到户籍所在地街道（乡镇）社会保障事务所（以下简称"社保所"）办理学生儿童大病医疗保险参保缴费手续，按缴费标准一次性缴纳大病医疗保险费。

第四条 本办法第二条第（一）、（二）项规定的参保人员有下列情形的，免缴个人应缴纳的大病医疗保险费。在办理参保缴费手续时，除持本人户口簿外，还应当分别提交下列相关证件：

（一）享受本市城市居民最低生活保障的人员提交《北京市城市居民最低生活保障金领取证》；

（二）享受本市城市居民生活困难补助待遇的人员提交《北京市城市居民生活困难补助金领取证》。

第五条 学生儿童大病医疗保险以每年9月1日至次年8月31日为大病医疗保险年度。从缴费当年的9月1日起享受大病医疗保险待遇。

第六条 参保人员可以现金或银行代扣形式缴纳学生儿童大病医疗保险费。参保人员办理参保缴费手续后，选择定点医疗机构，领取《北京市学生儿童大病医疗保险手册》。参保人员超过办理参保缴费期限的，不再办理当学年的参保缴费手续。

第七条 参保人员已缴纳次学年医疗保险费，在当学年9月1日前死亡的，由其家长持医疗机构或公安部门开具的死亡证明到参保人员户籍所在地社保所办理退费手续。

第八条 参保人员发生以下符合本市基本医疗保险和学生儿童大病医疗保险药品目录、诊疗项目目录、医疗服务设施范围的医疗费用，由学生儿童大病医疗保险基金按规定支付：

（一）住院的医疗费用；

（二）恶性肿瘤放射治疗和化学治疗、肾透析、肾移植（包括肝肾联合移植）后服抗排异药、血友病、再生障碍性贫血（以下简称"特殊病种"）的门诊医疗费用；

（三）急诊抢救留观并收入住院治疗的，其住院前留观7日内的医疗费用；

（四）急诊抢救留观死亡的，其死亡前留观7日内的医疗费用。

第九条 学生儿童大病医疗保险基金不予支付下列医疗

费用：

（一）在非本人定点医疗机构就诊的，但急诊住院除外；

（二）因交通事故、医疗事故或者其他责任事故造成伤害的；

（三）因本人吸毒、打架斗殴或者因其他违法行为造成伤害的；

（四）因自杀、自残、酗酒等原因进行治疗的；

（五）在国外或者香港、澳门特别行政区以及台湾地区治疗的；

（六）按照国家和本市规定应当由个人负担的。

第十条 学生儿童大病医疗保险基金在一个医疗保险年度内，第一次及以后住院的起付标准均为650元。

第十一条 参保人员发生的医疗费用，起付标准以上部分由个人和学生儿童大病医疗保险基金按比例分担。其中：学生儿童大病医疗保险基金支付70%，个人负担30%。在一个医疗保险年度内，学生儿童大病医疗保险基金累计支付的最高限额为17万元。

第十二条 参保人员住院治疗以90天为一个结算期。不超过90天的按实际住院天数结算；超过90天的，按每90天为一个结算期结算，结算后视为第二次住院。

第十三条 参保人员进行特殊病种门诊治疗的，按每个医疗保险年度为一个结算期。当年办理特殊病种审批手续的，自审批之日至本医疗保险年度截止日为一个结算期。

第十四条 参保人员患精神病需要长期住院治疗的，自因精神病住院之日至本医疗保险年度截止日为一个结算期。

第十五条 连续缴纳次学年学生儿童大病医疗保险费的参保人员，跨医疗保险年度住院的，本次结算期内的医疗费用按医疗保险年度分别计算。8月31日前发生的医疗费用与当学年支付的医疗费累加计算；9月1日起发生的医疗费用与次学年支付的医疗费累加计算。学生儿童大病医疗保险基金支付的最高限额按当学年和次学年分别计算。

参保人员在一个结算期内发生的医疗费用，支付一个起付标准，次学年再次住院或进入下一个结算期的，按第一次住院支付起付标准。

第十六条 未连续缴纳次学年学生儿童大病医疗保险费的参保人员，学生儿童大病医疗保险基金支付当学年8月31日前的医疗费用，不再支付次学年9月1日以后发生的医疗费用。

第十七条 参保人员除在本人选择的3家定点医疗机构和定点医疗机构中的专科、中医医院直接就医外，还可直接到本市定点医疗机构中的A类医院就医。

参保人员需要变更定点医疗机构的，在校学生和托幼机构儿童可于每年7月1日至9月30日、非在校少年儿童和散居婴幼儿可于每年6月1日至8月31日办理变更手续。

第十八条 参保人员患病时须持本人《北京市学生儿童大病医疗保险手册》到选定的定点医疗机构就医。定点医疗机构应当对参保人员所持的就医手册进行查验。

第十九条 参保人员因患急症不能到本人选定的定点医疗机构就医时，可在就近定点医疗机构急诊住院治疗，待病情稳定后应及时转回本人的定点医疗机构住院治疗。

第二十条 参保人员住院期间因病情需要市内转院治疗的，需由定点医疗机构副主任医师以上人员提出意见，经医疗保险办公室批准后，方可办理转院手续。转院后发生的医疗费用与转院前发生的医疗费用累计计算。

第二十一条 参保人员住院治疗或进行特殊病种门诊治疗的，就医时由个人先交付预交金，发生的医疗费用由定点医疗机构记账。结算时，按规定应由学生儿童大病医疗保险基金支付部分，由定点医疗机构与社会保险经办机构进行结算，其余医疗费用由个人与定点医疗机构结算。

第二十二条 参保人员急诊抢救留观并收住入院治疗及急诊抢救留观死亡的，住院或死亡前留观7日内的医疗费用先由本人或家长现金垫付，结算时持相关证明及医疗费用单据到本人户籍所在地社保所办理报销。

第二十三条 参保人员进行特殊病种门诊治疗的，应持诊断证明到本人户籍所在地社会保险经办机构办理特殊病种审批手续。在确定的本人特殊病种定点医疗机构发生的特殊病种门诊医疗费用，由学生儿童大病医疗保险基金按规定支付。

第二十四条 参保人员患门诊特殊病种需连续治疗的，可于每年6月1日至7月31日到学校所在区县社会保险经办机构办理缴费手续。

第二十五条 参保人员参保缴费前已住院或进行特殊病种门诊治疗的，应将参保前的医疗费用结清，参保后的医疗费用由学生儿童大病医疗保险基金按规定支付。

第二十六条 参保人员在外埠县级以上定点医疗机构发生的符合本市学生儿童大病医疗保险支付范围规定的急诊住院医疗费用，到本人户籍所在地社保所办理报销。

第二十七条 16周岁以下学生儿童在外省市居住或就读的，应在本人户籍所在地社保所申请办理异地就医登记手续。可选择居住地2家县级以上定点医疗机构或儿童专科医院和本市1家定点医疗机构就医，医疗待遇按照本市学生儿童大病医疗保险支付范围的规定执行。其发生的医疗费用到本人户籍所在地社保所办理报销。

第二十八条 享受城市居民最低生活保障和享受城市居民生

活困难补助待遇的学生儿童,在享受学生儿童大病医疗保险待遇后,符合城市特困人员医疗救助条件的,还可向民政部门继续申请城市特困人员医疗救助。

第二十九条 符合本市教育行政部门规定享受免收借读费的非本市城镇户籍的学生,可自愿选择参加学生儿童大病医疗保险。在办理参保缴费手续时,需提交以下相关证件:

(一)原北京知青子女,提交区县劳动和社会保障局开具的原北京下乡青年子女身份证明;

(二)随军家属中的适龄儿童、少年,提交部队师(旅)级以上单位政治机关证明;

(三)在京工作的博士后人员子女,提交全国博士后管委会开具的介绍信和进站函;

(四)在京投资台商及其雇员(台胞)子女,提交教育行政部门开具的台胞子女在京就读批准书;

(五)本市引进人才子女、留学回国人员子女,提交父母的《北京市工作居住证》;

(六)父母一方有北京市正式常住户口的学生,提交父(母)的北京市户口簿及我市乡镇人民政府或街道办事处开具的学生与父(母)关系证明。

第三十条 学生儿童大病医疗保险不建个人账户、不计个人缴费年限。

第三十一条 本办法未予明确事项,参照《北京市基本医疗保险规定》及有关办法执行。

第三十二条 本办法自2007年9月1日起施行。

附录2

北京市现行基本医疗保险政策一览表[*]

表1　　北京市2007年度基本医疗保险政策
（适用一般用人单位）

参保状态			在职			退休	
年龄			不满35周岁	35周岁以上不满45周岁	45周岁以上至退休	不满70周岁	70周岁以上
缴费比例	基本医疗保险统筹金	用人单位（基本）	职工缴费工资基数之和的9%			不需缴费	
		个人（基本）	上年本人月缴费工资基数的2%			不需缴费	
	大额互助金	用人单位（大额）	职工缴费工资基数之和的1%			不需缴费	
		个人（大额）	每月3元			每月3元	
个人账户	注入资金比例		本人月缴费工资基数的0.8%，加个人2%缴费部分	本人月缴费工资基数的1%，加个人2%缴费部分	本人月缴费工资基数的2%，加个人2%缴费部分	100元/月	110元/月
	本年金额（4月至次年3月）		按以上比例计算因人而异	按以上比例计算因人而异	按以上比例计算因人而异		

　　[*] 附录2所收录的表格由北京市宣武区医疗保险事务管理中心编制，表格有效期自2007年4月1日—2008年3月31日止。

北京市医疗保险政策导读

续表

参保状态			在职			退休	
年龄			不满35周岁	35周岁以上不满45周岁	45周岁以上至退休	不满70周岁	70周岁以上
普通门诊支付	起付线		2 000元			1 300元	
	支付比例		50%（社区卫生服务站报销比例为60%）			70%	80%
	一个自然年度内最高支付限额		2万元			同在职	
三种特殊病支付	起付线		每个结算周期（360天）只需为特殊病费用交起付线1 300元			同在职	
	支付比例		按照一个自然年度的住院费用比例支付			同在职	
	最高支付限额		每个自然年度内的最高支付限额与住院统筹基金支付及住院大额互助金支付最高限额相同			同在职	
住院支付	起付线		一个自然年度内首次住院1 300元，以后每次650元			同在职	
	统筹基金支付（一个自然年度内最高支付限额7万元）	三级医院支付比例	起付线~3万元以下	85%		91%	
			3万~4万元以下	90%		94%	
			4万元以上	95%		97%	

12333 劳动保障咨询热线

续表

参保状态			在职			退休	
年龄			不满35周岁	35周岁以上不满45周岁	45周岁以上至退休	不满70周岁	70周岁以上
住院支付	统筹基金支付（一个自然年度内最高支付限额7万元）	二级医院支付比例	起付线~3万元以下	87%		92.2%	
			3万~4万元以下	92%		95.2%	
			4万元以上	97%		98.2%	
		一级医院支付比例	起付线~3万元以下	90%		94%	
			3万~4万元以下	95%		97%	
			4万元以上	97%		98.2%	
	大额互助金（一个自然年度内最高支付限额为10万元）		退休人员及在职人员一律支付超出统筹基金支付限额7万元以上部分的70%				

注：1. 本表中缴费比例和个人账户划入比例基数有效期为 2006 年 4 月 1 日至 2007 年 3 月 31 日。

2. 个人工资低于本市上年职工平均工资 3 008 元的 60% 的，缴费基数按 60% 计算（即为 1 805 元）；工资超出 3 008 元三倍以上的，按三倍计算（即为 9 024 元）。

3. 三种特殊病是：恶性肿瘤放、化疗；肾透析；肾移植术后服用抗排异药。

4. 普通门诊费用以自然年度为报销周期；普通住院以 90 天为结算周期，连续住院超过 90 天按第 2 次入院办理；特殊病以 360 天为结算周期；精神病住院以 360 天为结算周期，起付线减半；家庭病床以 90 天为结算周期，起付线减半。

北京市医疗保险政策导读

表 2　　　　基本医疗保险参保业务须知

（适用一般用人单位）

收缴业务所需手续	单位新参统	（1）首先办理社会保险登记证，然后通过《数据采集企业版》软件录入并打印出《社会保险登记表》表1、表2；《参加社会保险个人情况登记表》表3（并贴照片）及《信息采集汇总表》；（2）上报3.5寸软盘（包括单位信息和个人信息）；（3）所有退休人员退休审批表复印件；2001年4月1日以后退休人员，需交《缴费年限认定审批表》；（4）退休易地安置人员（包括长期在职驻外人员）需填《易地安置人员审批单》；（5）与开户银行签委托收款协议书。 企业版采集软件下载更新的网址：http://yb.capinfo.gov.com 和 http://yb.bjxw.gov.cn。
	人员增减变化	（1）人员增加：需填写《参保人员增加表》表8，若是新参统人员还需打印出《参加社会保险个人情况登记表》表3，并上报增加人员的软盘，如需补缴，应提出申请经批准后填写《基金补缴表》表10。 （2）人员减少：填报《参保人员减少表》表9，死亡人员需提供死亡证明材料，上报信息盘。 （3）在职转退休：需填写《参保人员减少表》表9，提供《退休人员审批表》复印件和《缴费年限认定审批表》，缴费年限不够的，还需填写《基金补缴表》表10。 （4）报表时间：每月2日—25日办理人员和单位信息变更手续，并反应在下月的收缴月报中。
	其他信息变更	（1）人员基本信息变更：需填写《参保人员变更登记表》表6，姓名、性别、民族、出生日期、身份证号码、缴费人员类别及户口性质的更改，需提供身份证或户口本复印件（身份证号码变更应在每月10日前上报）；居住地地址、邮编变更除表6外还需上报信息盘。 （2）定点医疗机构变更：需填写《变更定点医疗机构信息明细表》（可通过采集软件打印），上报信息盘。 （3）单位信息变更：填写《社会保险变更登记表》表4。

收缴业务所需手续	其他信息变更	(4) 单位撤销：填写《社会保险注销登记申请表》表5，提供撤户申请，在每月20日后完成账户分配办理。 (5) 单位跨区整体转移：本区参保单位转往他区，单位填报《社会保险注销登记申请表》表5及申请；外区参保单位转入本区，单位提供跨区转移证明。 选择社保所报销信息变更通过软件上报信息盘。
	工资基数核定	(1) 参保单位在每年第一季度（3月25日前），到所属区县经办机构办理在职职工上年月平均工资收入申报业务；(2) 对于未在规定时间内进行工资收入申报的，4月1日经办机构医保系统自动按本市上年月社会平均工资核定参保职工缴费基数；(3) 参保单位对调入时没有工资基数的参保人员、或由本市及外地农民工改为本市或外埠农村劳动力的参保人员以及从职介、人才、社保所调入本单位的参保人员，需进行工资基数核定；(4) 单位填报《基本医疗保险缴费基数核定表》表7（可通过采集软件打印）、工资基数信息数据盘及其他相关材料，到所属区县经办机构办理工资基数核定手续。
	基金补缴	(1) 三个月内的补缴（包括三个月）：单位应提供《基金补缴表》表10、劳动合同复印件及补缴申请。 (2) 三个月以上的补缴：单位需携带相关材料到医保科进行审批，审批通过后填写《基金补缴表》表10，并提供《参保单位补缴基本医疗保险费通知单》办理补缴手续。
	医疗手册补发及换发	(1) 补发：参保人员手册丢失应写书面申请（申请上写明18位身份证号），并附一张一寸彩色免冠相片，单位在申请上加盖公章。 (2) 换发：医疗手册住院部分或门诊特殊病部分用完，可持一张一寸彩色相片到医保中心办理换本手续，换发新手册时将原旧手册收回。 (3) 补发及换发手续均由单位专管员到医保中心信息变更窗口办理。

北京市医疗保险政策导读

续表

收缴业务所需手续	参保缴费	基本医疗	(1) 用人单位：按全部职工缴费工资基金数之和的9%缴纳基本医疗保险费。 (2) 个人：按本人上一年月平均工资的2%缴纳基本医疗保险费。低于上一年本市职工平均工资60%的，以上一年职工平均工资的60%为缴费基数，高于上一年本市职工平均工资300%以上的，以上一年职工平均工资的300%为缴费基数。
		大额互助	(1) 用人单位：按全部职工缴费工资基数之和的1%缴纳； (2) 个人：职工和退休人员个人按每月3元缴纳。

表3　　　　基本医疗保险业务经办须知
（适用一般用人单位）

门诊大额费用报销所需手续	普通门诊	(1) 北京市医疗保险专用处方底方；(2) 收据；(3) 检查、治疗费用明细。
	急诊、急诊留观	(1) 盖有急诊章的急诊科（室）急诊处方或盖有急诊章的北京市医疗保险专用处方；(2) 收据；(3) 检查、治疗费用明细；(4) 诊断证明或留观证明。
	急诊留观并收入院前7天	(1) 盖有急诊章的急诊科（室）急诊处方或盖有急诊章的北京市医疗保险专用处方；(2) 收据；(3) 检查、治疗费用明细；(4) 急诊留观证明；(5) 出院诊断证明；(6)《北京市医疗保险手册》。
	全额现金垫付门诊特殊病	(1) 北京市医疗保险专用底方；(2) 收据；(3) 检查、治疗费用明细；(4)《北京市医疗保险手册》。
	全额现金垫付住院	(1) 住院费用结算单；(2) "北京市住院收费专用收据"或"中国人民解放军医疗单位专用收费票据"或"中国武警部队医疗单位专用收费票据"；(3)《北京市医疗保险手册》；(4) 出院诊断证明。

续表

门诊大额费用报销所需手续	计划生育 门诊	(1) 北京市医疗保险专用处方底方；(2) 收据；(3) 检查、治疗费用明细；(4) 诊断证明。
	计划生育 住院	(1) 住院费用结算单；(2) "北京市住院收费专用收据"或"中国人民解放军医疗单位专用收费票据"或"中国武装警察部队医疗单位专用收费票据"；(3) 出院诊断证明。
	家庭病床	(1) 处方底方；(2) 收据；(3) 检查、治疗费用明细；(4) 诊断证明；(5)《北京市医疗保险手册》。
	易地安置	(1) 处方底方；(2) 医疗费用结算单；(3) 医疗费用收据；(4)《北京市医疗保险易地安置（外转医院）申报审批单》；(5) 外埠定点医疗机构的诊断证明或出院证明；(6) 申报住院、三种特殊病费用时，需附北京市医疗保险手册。
住院报销		(1) 就医时请使用《北京市医疗保险手册》；(2) 医院根据病情需要开具住院通知书；(3) 医院确认患者单位是否足额缴费；(4) 个人交纳部分住院预付金，办理住院手续；(5) 根据患者病情需要填写《特殊检查、治疗、贵重药品审批表》(自费项目协议书)；(6) 办理出院手续时，医院与个人结清自费和自负部分金额；(7) 基本医疗保险报销金额由医院与区医保中心结算。
财务结算		(1) 每月初办理收缴业务《同城特约委托收款》，通过银行收款；(2) 收到业务传来的支付通知单和电子版信息，核对后打印《进账单》送交银行实现支付业务；(3) 针对银行发生退票业务，查阅参保单位电话与之联系进行二次收款工作或支付工作；(4) 参保单位应与开户银行签订《授权书》保证基金按时足额缴纳；(5) 参保单位应提供的信息：单位名称、账号、开户银行及行号、联系电话，如发生变更要及时通知医保中心进行变更。

北京市医疗保险政策导读

表4　　北京市2007年度基本医疗保险政策
（适用易地安置、急诊留观情况）

参保状态				在职	退休	
					不满70周岁	70周岁以上
易地安置门诊	起付线			2 000元	1 300元	
	支付比例			50%（社区卫生服务站报销60%）	70%	80%
	一个自然年度内最高支付限额			2万元	2万元	
易地安置住院	统筹基金支付（一个自然年度内最高支付限额7万元）	起付线		一个自然年度内首次住院1 300元，以后每次650元		
		三级医院支付比例	起付线～3万元以下	85%	91%	
			3万～4万元以下	90%	94%	
			4万元以上	95%	97%	
		二级医院支付比例	起付线～3万元以下	87%	92.2%	
			3万～4万元以下	92%	95.2%	
			4万元以上	97%	98.2%	
		一级医院支付比例	起付线～3万元以下	90%	94.0%	

续表

参保状态			在职	退休	
				不满70周岁	70周岁以上
易地安置门诊	统筹基金支付（一个自然年度内最高支付限额7万元）	一级医院支付比例	3万～4万元以下	95%	97.0%
			4万元以上	97%	98.2%
	大额互助金（一个自然年度内最高支付限额10万元）		退休人员及在职人员一律支付超出统筹基金支付最高限额7万元以上部分的70%		
急诊留观入院前7天	报销范围		急诊留观入院前7天及急诊收住院当日的费用（需院方开具《急诊留观证明》）；急诊留观期间死亡而未入院，其死亡前7日内费用		
	报销办法		先由个人垫付，交到用人单位申报至区医保中心报销		
	报销比例		1. 与住院费用累计在一起纳入基本医疗统筹基金支付范围 2. 急诊留观期间死亡而未入院的按一次住院支付，报销比例同住院		

说明：

1. 凡在职长期驻外人员及易地安置的退休人员一年以上可由用人单位到区医保中心办理易地安置审批手续。

2. 在职长期驻外人员可在当地选择二家定点医疗机构（县级以上），易地安置的退休参保人员可在当地选择二家定点医疗机构（乡级以上），另外可在北京市选择一家定点医疗机构。

北京市医疗保险政策导读

表 5　　北京市 2007 年度基本医疗保险政策
（适用于街道管理的退休人员）

月缴费	缴费方式	个人账户划入金额	
		70 周岁以下	70 周岁以上
3 元	个人账户代扣	97 元/月	107 元/月

参加范围	1. 在职介（人才）中心存档期间办理正式退休手续的人员。
	2. 在街道社保所管理期间的失业人员正式转为退休身份的人员。
	3. 2002 年 5 月 1 日前已实行社会化管理并按 [1997] 312 号文规定由养老保险基金列支医疗费的三资企业退休人员；破产企业退休人员；已退休的支援乡镇企业的科技人员与技术工人。
	4. 2002 年 5 月 1 日以后接收的破产退休人员和三资退休人员。
	5. 经市社保中心批准撤销和解散企业的退休人员。
补充医疗保险待遇	1. 由基本医疗统筹基金报销之后个人负担的金额（不含起付线）给予支付 50%。
	2. 报销金额直接划入个人账户。
	3. 4 月 1 日以后办理退休手续及未预提过补充费用的退休人员执行统一补充医疗保险待遇。

表6　北京市2007年度基本医疗保险政策
（适用于个人存档的灵活就业人员）

项目		人员类别	灵活就业人员	享受社会保险补助的灵活就业人员
缴费基数			本市上年职工平均工资3 008元的70%（2 106元）	
缴费比例			7%	个人缴纳1%
月缴费金额			147.42元	
个人应缴			147.42元	21.06元
个人账户			无	无
报销范围			三种特殊病门诊费用、住院费用、急诊留观入院前7天费用、计划生育费用	
支付比例	统筹基金支付（一个自然年度内最高支付限额7万元）	起付线	一个自然年度内首次住院1 300元，以后每次650元	
		三级医院支付比例 起付线～3万元以下	85%	
		三级医院支付比例 3万～4万元以下	90%	
		三级医院支付比例 4万元以上	95%	
		二级医院支付比例 起付线～3万元以下	87%	
		二级医院支付比例 3万～4万元以下	92%	
		二级医院支付比例 4万元以上	97%	

北京市医疗保险政策导读

续表

项目 \ 人员类别			灵活就业人员	享受社会保险补助的灵活就业人员
支付比例	统筹基金支付（一个自然年度内最高支付限额7万元）	一级医院支付比例	起付线～3万元以下	90%
			3万～4万元以下	95%
			4万元以上	97%
	大额互助金（一个自然年度内最高支付限额为10万元）			一律支付超出统筹基金支付最高限额7万元以上部分的70%。

注：1. 三种特殊病是：恶性肿瘤放、化疗；肾透析；肾移植术后服用抗排异药。

2. 参保人员若是初次缴费或中断缴费三个月以上的，需180天后发生的医疗费用方可按规定予以报销。

表7　　　　北京市2007年度基本医疗保险政策
（适用于用人单位中的农村务工人员）

项目 \ 人员类别			农村劳动力	农民工
缴费	缴费基数		按本人缴费基数	1 805元
	缴费比例	用人单位	9%+1%	2%（36.1元/每月）
		个人	2%+3元	不缴费
个人账户			本人缴费基数的2%+单位应划入部分	无
报销	报销范围		同本市在职职工	住院费用、急诊留观入院前7天费用

12333 劳动保障咨询热线

续表

项目		人员类别	农村劳动力	农民工
起付线		住院	一个自然年度内首次住院起付线1 300元,以后每次650元	
		门诊	同本市在职职工	不报销
报销	住院报销		医保基金支付比例	自付比例
报销	统筹基金支付（一个自然年度内最高支付限额7万元）	三级医院支付比例 起付线~3万元以下	85%	15%
		三级医院支付比例 3万~4万元以下	90%	10%
		三级医院支付比例 4万元以上	95%	5%
		二级医院支付比例 起付线~3万元以下	87%	13%
		二级医院支付比例 3万~4万元以下	92%	8%
		二级医院支付比例 4万元以上	97%	3%
		一级医院支付比例 起付线~3万元以下	90%	10%
		一级医院支付比例 3万~4万元以下	95%	5%
		一级医院支付比例 4万元以上	97%	3%
	大额互助金（一个自然年度内最高支付限额为10万元）		70%	30%

注：1. 农村务工人员，是指在国家规定的劳动年龄内，具有农业户口，有劳动能力并与本市城镇用人单位形成劳动关系的人员。

2. 三种特殊病：恶性肿瘤门诊放、化疗；门诊肾透析；肾移植后门诊服用抗排异药。

3. 普通住院以90天为结算周期，连续住院超过90天按第2次入院办理；特殊病以360天为结算周期；精神病住院以360天为结算周期，起付线减半。

4. 两种缴费比例及对应的人员指标类别由用人单位选择。

表8　　　　工伤职工医疗费报销有关规定

就医办法	（1）工伤人员须持《工伤证》到本人选定的工伤保险定点医疗机构就医。 （2）住院就医：持《工伤证》办理入院手续，出院时由本人缴纳自费费用，其余费用由医院向医保中心结算。 （3）门诊就医：现金交费，个人垫付，每月由单位汇总向医保中心申报。 （4）工伤人员就医需执行《北京市基本医疗保险药品目录》《北京市工伤保险诊疗项目和服务设施目录》。
报销办法	工伤人员就医后在次月1—20日将医疗费报销材料交到用人单位，由单位汇总后在每月1—20日向区医保中心申报审核工伤人员医疗费。符合工伤保险相关规定并经医保中心审核符合两个目录及相关规定的费用予以全额支付。

表9　北京市宣武区市属、区属单位离休干部医疗统筹有关规定

缴费业务		（1）区属行政机关和享受公费医疗的事业单位离休干部医疗统筹费由区财政局拨付。 （2）区属各企业和未享受公费医疗的事业单位离休干部的医疗统筹费于每年1月31日前按时足额一次性缴纳，缴费标准为2 000元/人·月。 （3）市属特困企业须提供《困难企业申请表》，经审批后不需缴费，其他市属单位缴费标准为2 000元/人·月。
报销业务	定点医院选择	（1）离休干部可从北京市基本医疗定点医疗机构中任选4所作为本人的定点医院。 （2）除定点医院外，北京市定点医疗机构中的"A类医院"、中医和专科医院可以直接就医。 （3）易地安置的离休干部可在当地选择2家县级以上医院、北京选1所医院作为定点医院，定点医院选择1年以上可以变更。

续表

报销业务	就医办法	（1）离休干部到选定的定点医疗机构就医须持《北京市离休干部就医手册》，非本人定点医院和非北京市基本医疗定点中医、专科医院发生的医疗费用不予报销。 （2）对由于医院条件设备等原因无力治疗的，需经本人选定点医疗机构开具转诊转院证明转往本市其他定点医疗机构就医。急症抢救的也必须在北京市基本医疗保险定点医疗机构范围内急诊就医，否则不予报销。 （3）门诊就医：实行个人现金交费，建立门诊病历，使用北京市医疗保险专用门诊处方"双处方、双划价"，每月由管理单位工作人员统一到区医保中心审核报销。 （4）住院就医：实行按规定记账制度，患者个人支付的部分直接与定点医疗机构现金结算，其余费用由定点医疗机构向区医保中心申报结算。 （5）易地安置的离休干部在当地医保定点医疗机构就医发生的医疗费，先由本人现金垫付，再由所在单位汇总后送区医保中心结算。
	报销办法	（1）在《北京市基本医疗保险药品目录》《北京市基本医疗保险诊疗项目范围》《北京市基本医疗保险诊疗服务设施范围》内的费用全额报销。 （2）使用人工器官的按规定只报销最高限价内部分：①心脏起搏器：单腔的每套14 000元，双腔的每套18 000元，临时的每套6 000元。②心脏瓣膜：生物膜每套7 000元，机械膜每套8 000元。③人工晶体每只668元。④人工关节：人工髋关节每套4 500元，人工膝关节每套5 000元，人工股骨头每套3 300元。⑤安装其他的体内人工器官最高支付费用标准为18 000元。以上实际收费低于上述标准的，按实际收费支付。 （3）使用单价500元以上一次性贵重材料的需由本人负担50%，但介入治疗除外。 （4）门诊开药规定：门诊开药量急性病不得超过3日量，慢性病不得超过7日量，行动不便的可开两周量，患高血压、糖尿病、冠心病、前列腺肥大等10种慢性疾病，且病情稳定需长期服同一类药物的，可放宽到不超过一个月量，超量部分需个人自付。

表10　失业人员就医及医药费审核有关规定

报销范围	失业人员医疗补助金按失业保险规定支付下列费用： （1）门诊、急诊的医疗费用； （2）住院的医疗费用； （3）符合本市规定的生育费用和计划生育费用。
	失业人员医疗补助金不予支付费用： （1）不予支付的医疗费用：①未在指定医院就医或者未经区、县社会保险经办机构批准自行转院就医的；②使用或进行本市规定不予报销的自费药品、检查、治疗等项目的费用；③由于打架斗殴等违法犯罪行为受伤、致残或者酗酒、自杀、交通肇事、医疗事故等所发生的医疗费用；④因交通事故发生的医疗费用；⑤身体检查、疫苗注射、婚前检查的医疗费用；⑥计划外生育的医疗费用；⑦失业人员在申领医疗补助金时弄虚作假、涂改票据、处方的。 （2）患职业病、因工负伤或者工伤旧病复发的医疗费用。 （3）使用不符合本市基本医疗保险药品、诊疗项目、服务设施支付范围和标准的费用。 （4）母婴同室、温馨病房等超标准的床位费用、护理费用不予补助，婴儿的医疗费用及其他费用不予补助。
就医办法	（1）失业人员到选定的定点医疗机构就医须持《失业人员保险金领取证》。 （2）门诊就医：现金交费，使用北京市财政局印制的统一发票，使用医保专用处方，报销时需携带医保专用处方及药品、检查、治疗清单明细。 （3）住院就医：现金交费，报销时需携带住院收据、住院费用明细清单和出院诊断证明。 （4）失业人员报销执行《北京市基本医疗保险药品目录》《北京市基本医疗保险诊疗项目范围》《北京市基本医疗保险诊疗服务设施范围》三个目录。

续表

报销办法	(1) 失业人员当月就医,在次月领取失业保险金的同时到街道社保所申报医疗补助费。 (2) 街道社保所在每月10日左右将本街道失业人员医疗费汇总后到区社保中心申报,由医保中心审核。 (3) 区医保中心将失业人员医疗单据在10日内审核后返还社保中心后将费用拨付街道社保所。

表11　北京市2006年度企业职工生育保险政策
（适用于本市城镇各类企业）

项目＼类别	职工	用人单位
参保范围	与企业形成劳动关系且具有本市户口的职工	本市各行政区域内的城镇各类企业
缴费基数	—	上一年本企业职工缴费工资基数之和
缴费金额	不缴费	1. 按照本企业职工缴费总基数的0.8%计算; 2. 低于上一年本市职工月平均工资60%,按照上一年本市职工月工资的60%计算（1 805元×人数×0.8%）; 3. 高于上一年本市职工月平均工资3倍以上,按照上一年本市职工月平均工资的3倍计算（9 024元×人数×0.8%）; 4. 上一年月平均工资无法确认的,按照上一年本市职工月平均工资计算（3 008元×人数×0.8%）。

北京市医疗保险政策导读

续表

类别 项目	职工	用人单位
缴费方式	—	委托银行收款
生育保险基金支付范围	1. 生育津贴; 2. 符合基本医疗保险"三大目录"范围内的生育医疗费用,包括女职工因怀孕、生育发生的医疗检查费、接生费、手术费、住院费和药品费; 3. 符合基本医疗保险"三大目录"范围内的计划生育手术医疗费用,包括职工因计划生育实施放置(取出)宫内节育器、流产术、引产术、绝育及复通手术所发生的医疗费用; 4. 国家和本市规定的其他费用。	—
生育保险基金支付方式	住院费用由医院与经办机构办理	—
	生育津贴、产前检查、计划生育门诊医疗费用	由企业负责到经办机构办理
就医方式	1. 在缴费期间到本人选择的基本医疗保险定点医院、本市妇幼专科医院或妇幼保健院均可。 2. 持《北京市医疗保险手册》及《北京市生育服务证》。	—

表 12　北京市退休人员基本医疗大额互助和统一补充医疗保险政策

（适用于参加北京市医疗保险退休人员）

	参保状态		不满 70 周岁	70 周岁以上
	个人账户		100 元/月	110 元/月
普通门诊	起付线（由个人负担）		1 300 元	
	大额互助金支付比例（一个自然年度内最高支付 2 万元）		70%	80%
	补充医疗保险支付比例		15%	10%
	合计报销比例		85%	90%
	自付比例		15%	10%
住院	起付线（由个人负担）		一个自然年度内首次住院 1 300 元，以后每次 650 元	
	支付比例		统筹基金（一个自然年度内最高支付限额 7 万元）	补充医疗保险	合计报销比例	自付比例
	三级医院支付比例	起付线~3 万元以下	91.0%	4.5%	95.5%	4.5%
		3 万~4 万元以下	94.0%	3.0%	97.0%	3.0%
		4 万元以上	97.0%	1.5%	98.5%	1.5%
	二级医院支付比例	起付线~3 万元以下	92.2%	3.9%	96.1%	3.9%
		3 万~4 万元以下	95.2%	2.4%	97.6%	2.4%
		4 万元以上	98.2%	0.9%	99.1%	0.9%

北京市医疗保险政策导读

续表

参保状态			不满 70 岁		70 岁以上	
住院	一级医院支付比例	起付线~3万元以下	94.0%	3.0%	97.0%	3.0%
		3万~4万元以下	97.0%	1.5%	98.5%	1.5%
		4万元以上	98.2%	0.9%	99.1%	0.9%
	大额互助金(一个自然年度内最高支付限额为10万元)		支付超出统筹基金支付最高限额7万元以上部分的70%	15%	85%	15%

说明:

1. 补充医疗保险报销范围不包括乙类药品、乙类检查中先由个人负担的 10%(50%)和 8%,也不包括自费的费用和起付线。

2. 统一补充保险支付范围内的住院费用由患者出院时先垫付,经审核结算后由医保经办机构统一划入退休人员个人账户。

3. 异地安置退休人员的补充医疗保险费用由经办机构结算后通过单位支付给退休人员。

4. 原破产企业退休人员、三资企业退休人员的补充医疗保险待遇仍按原办法执行。

5. 个人账户金额:从 2006 年 4 月 1 日起执行。

附录 3

北京市现行基本医疗保险政策法规文件索引

1. 北京市基本医疗保险规定
（2005 年 6 月 6 日　北京市人民政府令第 158 号）
2. 北京市城市特困人员医疗救助暂行办法
（2001 年 12 月 19 日　京政办发 [2001] 94 号）
3. 北京市基本医疗保险定点医疗机构管理暂行办法
（2001 年 2 月 28 日　京劳社医发 [2001] 11 号）
4. 北京市基本医疗保险定点零售药店管理暂行办法
（2001 年 2 月 28 日　京劳社医发 [2001] 12 号）
5. 北京市基本医疗保险用药范围管理暂行办法
（2001 年 2 月 28 日　京劳社医发 [2001] 13 号）
6. 北京市基本医疗保险诊疗项目范围管理暂行办法
（2001 年 2 月 28 日　京劳社医发 [2001] 14 号）
7. 北京市基本医疗保险服务设施范围管理暂行办法
（2001 年 2 月 28 日　京劳社医发 [2001] 15 号）
8. 北京市企业补充医疗保险暂行办法
（2001 年 2 月 28 日　京劳社医发 [2001] 16 号）
9. 北京市基本医疗保险费用结算暂行办法
（2001 年 2 月 28 日　京劳社医发 [2001] 17 号）
10. 北京市大额医疗费用互助暂行办法
（2001 年 2 月 28 日　京劳社医发 [2001] 18 号）
11. 北京市基本医疗保险参保人员就医管理暂行办法

(2001年2月28日　京劳社医发 [2001] 23号)

12. 北京市基本医疗保险个人账户管理暂行办法

(2001年2月28日　京劳社保发 [2001] 26号)

13. 北京市基本医疗保险费用申报缴纳管理暂行办法

(2001年2月28日　京劳社保发 [2001] 27号)

14. 北京市劳动和社会保障局关于贯彻实施《北京市基本医疗保险规定》有关问题的处理办法

(2001年3月19日　京劳社医发 [2001] 19号)

15. 北京市劳动和社会保障局关于参加基本医疗保险人员在定点中医医院就医有关问题的通知

(2001年9月5日　京劳社医发 [2001] 126号)

16. 北京市基本医疗保险有关问题的解答

(2001年9月10日　京医保发 [2001] 14号)

17. 北京市个人委托存档人员参加基本医疗保险暂行办法

(2001年11月12日　京劳社医发 [2001] 186号)

18. 北京市基本医疗保险有关问题的解答（二）

(2001年12月18日　京医保发 [2001] 25号)

19. 北京市劳动和社会保障局关于中央在京企业参加北京市基本医疗保险有关问题的通知

(2002年1月23日　京劳社医发 [2002] 7号)

20. 北京市劳动和社会保障局关于贯彻实施《北京市城市特困人员医疗救助暂行办法》有关问题的处理办法

(2002年4月9日　京劳社医发 [2002] 43号)

21. 北京市劳动和社会保障局关于破产企业实行社会化管理的退休人员参加基本医疗保险有关问题的通知

(2002年4月15日　京劳社医发 [2002] 46号)

22. 北京市农转居人员参加社会保险试点办法

(2002年11月18日 京劳社养发[2002]151号)

23. 北京市社会保险基金管理中心关于解决基本医疗保险若干具体问题的通知

(2003年3月5日 京社保发[2002]13号)

24. 北京市基本医疗保险有关问题的解答(三)

(2002年5月14日 京医保发[2002]15号)

25. 北京市基本医疗保险有关问题的解答(四)

(2002年11月29日 京医保发[2002]39号)

26. 北京市劳动和社会保障局关于进一步完善补充医疗保险有关问题的通知

(2003年3月26日 京劳社医发[2003]52号)

27. 北京市社会保险基金管理中心关于2002年5月1日前已实行社会化管理退休人员参加基本医疗保险有关问题的通知

(2003年3月14日 京社保发[2003]19号)

28. 北京市基本医疗保险有关问题的解答(五)

(2003年7月4日 京医保发[2003]29号)

29. 北京市劳动和社会保障局关于基本医疗保险有关问题的通知

(2003年7月14日 京劳社医发[2003]119号)

30. 北京市基本医疗保险有关问题的解答(六)

(2003年11月28日 京医保发[2003]47号)

31. 北京市劳动和社会保障局关于本市建设征地农转工自谋职业人员社会保险有关问题的处理办法

(2004年6月28日 京劳社养发[2004]78号)

32. 北京市劳动和社会保障局关于贯彻执行《北京市建设征地安置补偿办法》转非劳动力社会保险有关问题的通知

(2004年7月19日 京劳社保发[2004]96号)

33. 北京市外地农民工参加基本医疗保险暂行办法

(2004年7月28日 京劳社办发［2004］101号)

34. 北京市整建制农转居人员参加社会保险试行办法

(2004年9月10日 京劳社养发［2004］122号)

35. 北京市劳动和社会保障局关于调整基本医疗保险有关政策的通知

(2004年12月16日 京劳社医发［2004］184号)

36. 北京市劳动和社会保障局关于基本医疗保险参保范围等有关问题的通知

(2004年12月16日 京劳社医发［2004］185号)

37. 北京市劳动和社会保障局关于外埠进京落户人员档案和社会保险关系转移问题的批复

(2004年10月25日 京劳社就复［2004］287号)

38. 北京市外地农民工参加基本医疗保险操作办法

(2004年8月12日 京社保发［2004］32号)

39. 北京市医疗保险事务管理中心关于进一步规范北京市基本医疗保险"特殊病种"管理有关问题的通知

(2004年5月10日 京医保发［2004］22号)

40. 北京市基本医疗保险有关问题的解答（七）

(2004年8月3日 京医保发［2004］56号)

41. 北京市劳动和社会保障局关于加快本市农民工参加工伤保险和医疗保险有关问题的通知

(2005年7月19日 京劳社办发［2005］99号)

42. 北京市基本医疗保险有关问题的解答（八）

(2005年8月17日 京医保发［2005］53号)

43. 北京市劳动和社会保障局关于调整参保职工门诊开药量等有关医疗保险问题的通知

(2005年11月2日　京劳社医发〔2005〕151号)

44. 北京市劳动和社会保障局关于建立全市退休人员统一补充医疗保险的通知

(2006年1月20日　京劳社医发〔2006〕9号)

45. 北京市基本医疗保险有关问题的解答(九)

(2006年7月21日　京医保发〔2006〕45号)

46. 北京市劳动和社会保障局　北京市卫生局关于进一步促进社区卫生服务发展引导职工和退休人员到社区就医有关问题的通知

(2007年3月31日　京劳社医发〔2007〕52号)

47. 北京市劳动和社会保障局关于加强北京市基本医疗保险门(急)诊医疗费用管理工作的通知

(2007年3月26日　京劳社医保发〔2007〕51号)

48. 关于建立北京市城镇无医疗保障老年人和学生儿童大病医疗保险制度的实施意见

(2007年6月7日　京政发〔2007〕11号)

49. 北京市劳动和社会保障局关于下发《关于实施本市城镇无医疗保障老年人大病医疗保险制度的具体办法》和《关于实施本市学生儿童大病医疗保险制度的具体办法》的通知

(2007年6月12日　京劳社医发〔2007〕95号)